D1754193

MIX
Papier aus verantwortungsvollen Quellen
Paper from responsible sources
FSC® C105338

Sabine Echsel

Die Macht des kulturellen Unterschieds

Die Konstruktion von Differenz
in der Zusammenarbeit von österreichischen
und ungarischen Unternehmen

Diplomica Verlag GmbH

Echsel, Sabine: Die Macht des kulturellen Unterschieds: Die Konstruktion von Differenz in der Zusammenarbeit von österreichischen und ungarischen Unternehmen, Hamburg, Diplomica Verlag GmbH 2013

Buch-ISBN: 978-3-8428-9508-9
PDF-eBook-ISBN: 978-3-8428-4508-4
Druck/Herstellung: Diplomica® Verlag GmbH, Hamburg, 2013

Bibliografische Information der Deutschen Nationalbibliothek:
Die Deutsche Nationalbibliothek verzeichnet diese Publikation in der Deutschen Nationalbibliografie; detaillierte bibliografische Daten sind im Internet über http://dnb.d-nb.de abrufbar.

Das Werk einschließlich aller seiner Teile ist urheberrechtlich geschützt. Jede Verwertung außerhalb der Grenzen des Urheberrechtsgesetzes ist ohne Zustimmung des Verlages unzulässig und strafbar. Dies gilt insbesondere für Vervielfältigungen, Übersetzungen, Mikroverfilmungen und die Einspeicherung und Bearbeitung in elektronischen Systemen.

Die Wiedergabe von Gebrauchsnamen, Handelsnamen, Warenbezeichnungen usw. in diesem Werk berechtigt auch ohne besondere Kennzeichnung nicht zu der Annahme, dass solche Namen im Sinne der Warenzeichen- und Markenschutz-Gesetzgebung als frei zu betrachten wären und daher von jedermann benutzt werden dürften.

Die Informationen in diesem Werk wurden mit Sorgfalt erarbeitet. Dennoch können Fehler nicht vollständig ausgeschlossen werden und die Diplomica Verlag GmbH, die Autoren oder Übersetzer übernehmen keine juristische Verantwortung oder irgendeine Haftung für evtl. verbliebene fehlerhafte Angaben und deren Folgen.

Alle Rechte vorbehalten

© Diplomica Verlag GmbH
Hermannstal 119k, 22119 Hamburg
http://www.diplomica-verlag.de, Hamburg 2013
Printed in Germany

Vorwort

„Wenn du ein Projekt entwickeln könntest, in dem du richtig gerne mitarbeiten würdest..."

Angefangen hat es mit einem angeregten Gespräch. Mein Kollege und ich plauderten darüber, was wir beruflich wirklich gerne machen würden und daraus entstand eine Projektskizze, die uns damals begeistert und motiviert hat, der „MitarbeiterInnenaustausch".

Im Rahmen des EU Projekts LAGERA kam es zur Umsetzung unserer Projektidee. Aber niemand schien unsere Begeisterung für einen „Austausch aus gleichberechtigter Sicht" zu teilen.

Mit dem Abschluss des Projektes blieb bei mir ein unbestimmtes Unbehagen und das Gefühl, als Beraterin gescheitert zu sein. Vom anfänglichen Ideal des „gleichberechtigten Austausches" war nicht viel übrig geblieben.

Bei der Auswertung der Daten mit einem zeitlichen Abstand und aus der Sicht der Kultur- und Sozialanthropologin, wich das Gefühl in diesem Projekt durch mangelnde Methodenkompetenz versagt zu haben der Erkenntnis, dass wir in der grenzüberschreitenden Zusammenarbeit nur sinnvoll arbeiten können, wenn wir Kontext, Machtstrukturen und Geschichte in die Analyse von Interaktionen miteinbeziehen.

Inhaltsverzeichnis

1 Einleitung 7
2 Methode und Vorgangsweise 9
   2.1 Methode 9
   2.2 Vorgangsweise 11
3 Theoretischer Rahmen 15
   3.1 Globalisierung und Neoliberalismus 15
      3.1.1 EU als key agent der Globalisierung 15
      3.1.2 Unsicherer Übergang 19
      3.1.3 Neoliberalismus in Ungarn 20
   3.2 Die Organisation der Abwertung – Ebene der kollektiven
       Identitätskonstruktion 23
      3.2.1 Balkan und Balkanismus 24
      3.2.2 Orientalismus 27
      3.2.3 Die westeuropäische Überlegenheit 29
      3.2.4 Der stigmatisierte Bruder 31
   3.3 Die InterkulturalistInnen 33
      3.3.1 Markt, Identität und Konzepte der InterkulturalistInnen 33
      3.3.2 Hofstede und die kulturellen Dimensionen 36
      3.3.3 Managing Diversity 39
4 LAGERA - MitarbeiterInnenaustausch 43
   4.1 LAGERA – das Projekt 43
   4.2 Grenzüberschreitender MitarbeiterInnenaustausch 44
   4.3 Ausgewählte Ereignisse 49
      4.3.1 Übung im Workshop 50
      4.3.2 Auswertungsgespräch 53
      4.3.3 Informelles Gespräch nach dem Auswertungsgespräch 61
   4.4 Interkulturelle Broschüren 64

5 Die Konstruktion von Differenz **67**

    5.1 Kulturelle Unterschiede? 67

        5.1.1 Mentalität und Arbeitsweise 67

        5.1.2 Das Erbe des Kommunismus 72

        5.1.3 Mentale Barrieren und wirtschaftliche Zusammenarbeit 74

    5.2 Machtungleichheit 77

        5.2.1 Arbeitsmarkt 77

        5.2.2 Sprache 80

        5.2.3 Machtunterschiede in der Zusammenarbeit 81

    5.3 Widerstand der Machtloseren 83

        5.3.1 Unpünktlichkeit 84

        5.3.2 Fehlende Kommunikation und Aktivität 85

        5.3.3 Symbolische Handlung als Widerstand 87

    5.4 Die Rolle der InterkulturalistInnen 88

        5.4.1 Der Markt 88

        5.4.2 Das Kulturkonzept 90

        5.4.3 Die Beraterin 91

6 Schlussfolgerungen **95**

7 Zusammenfassung & Abstract **101**

8 Quellenangaben **103**

9 Abkürzungen **109**

1 Einleitung

Von 2004-2007 wurde das Interreg IIIa Projekt LAGERA[1] zur grenzüberschreitenden Zusammenarbeit Österreich (Industrieviertel/ Niederösterreich) und Ungarn (Nyugat-Dunantúl - Region westliches Transdanubien: Komitate Nagy, Zala, Vas) durchgeführt. Ich war eine der ProjektinitiatorInnen und im Modul „MitarbeiterInnenaustausch" als Beraterin tätig. Meine Aufgabe war die Organisation, Begleitung und Auswertung eines MitarbeiterInnenaustauschs. Österreichische MitarbeiterInnen sollten für eine kurze Zeit ihren Arbeitsplatz mit ungarischen KollegInnen tauschen, die in einem ähnlichen Bereich arbeiten. Inspiriert wurden wir vom Schweizer Projekt Seitenwechsel, wo seit 1995 ManagerInnen für begrenzte Zeit in Sozialprojekten mitarbeiten, um durch das Kennenlernen der anderen Lebensrealität ihren Blickwinkel zu erweitern.

Das Projekt wollte einen Beitrag leisten zur Entwicklung eines gemeinsamen Arbeitsmarktes in der Grenzregion durch Wissens- und Erfahrungsaustausch aus gleichrangiger Sicht. Finanziert wurde das Projekt von Interreg IIIa und österreichischen Kofinanziers. Das Ziel des „Austauschs aus gleichrangiger Sicht" wurde nicht erreicht. Ein solcher Austausch wurde von österreichischen UnternehmerInnen und MitarbeiterInnen zum Teil vehement abgelehnt. Trotz guter Ausstattung mit Ressourcen ist es kaum gelungen, österreichische TeilnehmerInnen zu gewinnen. Seitens der österreichischen TeilnehmerInnen wurde immer wieder betont „die sind anders" - was auf Mentalitätsunterschiede und schlussendlich auf kulturelle Unterschiede zurückgeführt wurde. Seitens der UnternehmerInnen wurde das Lohngefälle mit der geringeren Produktivität, bedingt durch „die Arbeitsweise der Ungarn" begründet.

In meiner Studie möchte ich anhand des Materials aus vier Jahren untersuchen, welche Faktoren für diese Konstruktion von Differenz bedeutsam sind. Ich möchte verstehen, wie der Diskurs über kulturelle Differenz in diesem Beispiel grenzüberschreitender Zusammenarbeit organisiert ist und wofür der Terminus Kultur verwendet wird. Die Art und Weise, wie die Differenz von Seiten „des Westens", der Österreicher konstruiert wird und wie man Unterschiede beschreibt und erklärt, wird

---

[1] Labor für die gemeinsame Entwicklung des regionalen Arbeitsmarktes. Eines der vier Module war der „MitarbeiterInnenaustausch"

dargelegt. Ich setze mich mit der Rolle des Begriffs Kultur bei der Konstruktion und Reproduktion von ungleichen Machtverhältnissen auseinander.

Vorschau

Im Kapitel 2 wird auf die Art und Weise wie die Daten gesammelt und aufgezeichnet wurden und auf die Methode der Auswertung eingegangen. Die „Extended Case Method" und das für diese Arbeit wesentliche Wissenschaftsmodell werden vorgestellt. Die Vorgangsweise bei der Datenauswertung ist vom Wissenschaftsmodell von Michael Burawoy geleitet. Kapitel 3 geht auf die Theorien ein, die als Analyserahmen verwendet werden. Auf der Makroebene sind es die Auswirkungen auf den Arbeitsmarkt und Wirtschaftsraum Ungarns, hervorgerufen durch die Globalisierung und die Einbettung in den globalen Kapitalismus. Dabei entsteht eine Machtasymmetrie: Aus der dominanten Position heraus werden Identitäten zugeschrieben. Anhand der Konzepte von Balkanismus und Orientalismus wird aufgezeigt, wie „den Anderen" mindere Qualitäten unterstellt werden. Bei der Konstruktion und beim Aufrechterhalten von Differenz spielen auch die InterkulturalistInnen eine Rolle. Ihre auf kulturelle Differenz ausgelegten Erklärungsmodelle blenden Phänomene aus, die sinnvoller mit Machtasymmetrie beschrieben werden können. Die interkulturelle Beratung, ihr Kulturbegriff und der Markt sollen beleuchtet werden. Im Kapitel 4 werden der MitarbeiterInnenaustausch und das Projekt LAGERA vorgestellt und die drei ausgewählten Ereignisse in ihrem Kontext näher beschrieben. Schließlich werden im Kapitel 5 Theorie und Empirie zusammen geführt. Es wird aufgezeigt, wie Unterschiede im Arbeitsalltag beschrieben und wie sie auf der Makroebene geschaffen werden. Handlungen, die als kulturell bedingt interpretiert werden, können auch Ausdruck von Widerstand sein. Zum Abschluss wird der Beitrag der interkulturellen Beratung in diesem Projekt kritisch beleuchtet. In den Schlussfolgerungen werden die Antworten auf die Forschungsfragen dann zusammengefasst dargestellt.

2 Methode und Vorgangsweise

2.1 Methode

Grundlage für diese Arbeit ist das Material aus der Vorbereitung, der Durchführung und der Nachbereitung des Projekts „MitarbeiterInnenaustausch" im Rahmen von LAGERA. Die Materialsammlung erfolgte im Rahmen der beruflichen Tätigkeit der Verfasserin als Projektinitiatorin und -beraterin. Der Schwerpunkt der Beobachtung lag auf dem tatsächlichen Handeln sozialer AkteurInnen in ihrer täglichen beruflichen Praxis, das sich im Spannungsfeld von beruflicher Rolle, Firmenstrukturen und vorgegebenen Werten und Normen abspielt. Die Aufzeichnungen und Interviewfragen orientierten sich an diesem Interesse. Das Projekt verlief konfliktreich und es wurde Wert darauf gelegt, konflikthafte Interaktionen und alle Prozesse genau zu dokumentieren. Das Material umfasst Tonaufnahmen von Interviews (in deutscher Sprache), die Zusammenfassung eines Interviews in ungarischer Sprache, Beobachtungen von Interaktionen in formellen und informellen Situationen, Notizen über Widersprüche von Aussagen und sozialer Praxis, E-mails, sowie Prozessberichte die den Projektverlauf mit all seinen Spannungen dokumentieren. Es werden Berichte und Ergebnisse aus den anderen Projektmodulen zum Vergleich und als Ergänzung herangezogen. Der interkultureller Ratgeber der niederösterreichischen Wirtschaftsagentur soll genauer beleuchtet werden, da er einen Hinweis auf die theoretischen Konzepte gibt, welche die Einstellung österreichischer Akteurinnen zu ungarischen ArbeitnehmerInnen prägen.

Bei der Analyse und Interpretation des vorhandenen Materials dient die Extended Case Method (ECM) und das Wissenschaftsmodell wie es von Michael Burawoy angewendet und weiterentwickelt wurde, als Orientierung. Die ECM der Manchester School brachte wichtige Neuerungen in die Anthropologie. Anstelle von Idealstrukturen und Modellen legte sie den Fokus auf soziale Prozesse, auf das Aushandeln von Interessen, das Entstehen und Zerbrechen sozialer Bindungen und die Konflikte innerhalb einer Gesellschaft. Diese Phänomene wurden über einen längeren Zeitraum hindurch beobachtet und als Bestandteil des alltäglichen Lebens, nicht als „Fehler im System" gesehen (vgl. Rössler 2003: 144). Für die Feldforschung bedeutet das, die Aufmerksamkeit auf die Normen und gleichzeitig auf das tatsächliche

Verhalten zu richten. Von der Norm abweichende Praktiken können auch auf externe Strukturen zurück geführt werden. In die Interpretation der Beobachtung muss der Kontext miteinbezogen werden. Die äußeren Kräfte, die auf das Feld einwirken und die soziale Situation gestalten, sind ein wesentlicher Faktor (vgl. Burawoy 2000: 17f).

Mit welchen ethnografischen Mitteln kann man Praktiken, die komplex und heikel sind, erforschen? Die Anthropologen Comaroff und Comaroff plädieren für eine radikale Erweiterung der ethnografischen Methodologie, für ein gleichzeitig deduktives und induktives, empirisches und imaginatives Vorgehen (vgl. Comaroff/Comaroff 2003: 147). Feldforschung kann nicht die Gesamtheit der Beziehungen einer Gesellschaft oder die „Kultur" von einem Ort aus erfassen. Das Feld in dem sich die partikularen beobachteten Handlungen abspielen, wird von Kräften gestaltet, die sichtbar gemacht werden müssen. Das konkrete soziale Handeln ist Teil von lokalen und translokalen Prozesssen. Beobachtete Praktiken müssen in den lokalen Kontext gestellt und gleichzeitig in die translokalen Prozesse eingefügt werden, von denen sie ein Teil sind (vgl. Comaroff/ Comaroff 2003: 153, 157, 161).

Burawoy hat unter anderem die Politik der transnationalen Zusammenarbeit gegenüber postkolonialen Regimes in Zambia untersucht. Er nahm eine Stelle in der Personalabteilung eines Unternehmens in der Kupferindustrie an, da Interviews über den Prozess der „Zambianisierung" nach dem Ende des Kolonialsystems nicht möglich waren oder sinnlos gewesen wären. Das Ziel der postkolonialen Regierung war die Beseitigung der Rassendiskriminierung. Er untersuchte das alltägliche Handeln konkreter Personen in der alltäglichen Praxis. „Welche Strategien werden angewandt, Status und Ressourcen in Zeiten von Veränderung aufrecht zu erhalten?" Mit dieser Fragestellung beobachtete er das Handeln und die Organisationsstrukturen, die das Handeln begünstigten. Da Absichten, Strukturen und Handeln häufig im Widerspruch stehen, fragte er nach dem Zusammenspiel der Interessen der beteiligten Institutionen und Personengruppen, wie zB. Gewerkschaften, Regierung und zambische Nachfolger sowie des multinationalen Kapitals. Von der Mikrowelt der Zambianisierung erweiterte er das Forschungsfeld zu den Quellen der Unterentwicklung und damit zu den Klassenbeziehungen die aus der Kolonialzeit übernommen wurden. Die Fragestellung entwickelte sich zu einer Untersuchung der Strategien zur

Reproduktion des „color bar" - des Prinzips, dass kein Schwarzer einen weißen Untergebenen haben soll (vgl. Burawoy 1998: 7ff).

Burawoy plädiert für ein Wissenschaftsmodell „*[a reflexive science,] that takes context as point of departure, but not point of conclusion*" (1998:13). Die Prinzipien der reflexiven Wissenschaft werden sichtbar in ihrem Umgang mit den Kontexteffekten. Anstatt zu versuchen, das Interview als „Nichtintervention" zu gestalten, wird das Interview zur Intervention, die beschrieben und genutzt werden soll. In außergewöhnlichen Situationen können sich Teile der Welt des Beobachteten zeigen. Auch standardisierte Stimuli können, je nach Vorerfahrung und sozialem Kontext, unterschiedlich aufgenommen werden. Die Welt des Beobachteten muss in Raum und Zeit ausgeleuchtet werden und diese Messwerte werden zu einem sozialen Prozess verdichtet. Das Feld, in dem das Interview stattfindet, ist veränderlich, d.h. eine exakte Wiederholbarkeit ist nicht gegeben. Das Feld als Existenzbedingung des Schauplatzes der Ereignisse wird auf die Kräfte, die einwirken und dieses Feld strukturieren, untersucht. Die soziale Situation dominiert die individuelle. Die Daten erheben keinen Anspruch darauf, repräsentativ zu sein. Anstatt Allgemeingültigkeit direkt aus den Daten zu gewinnen, bewegt man sich von einer Generalität zur anderen und wird dabei immer einschließender. Es geht um das Verbessern bestehender Theorien, indem man sich immer wieder fragt „wo kann ich meine Annahmen widerlegen". Reflexive Wissenschaft in der Ethnografie hilft dabei, das Allgemeingültige aus dem Einzelfall zu ziehen, sich von der Mikro- auf die Makroebene zu begeben und die Gegenwart mit der Vergangenheit in Vorausschau auf die Zukunft zu verbinden (vgl. Burawoy 1998: 13ff).

2.2 Vorgangsweise

In der Projektantragsphase war immer wieder die Aussage zu hören, dass „mentale Barrieren" in der grenzüberschreitenden Zusammenarbeit kein Thema mehr seien. Gegenseitige Vorurteile und Vorbehalte seien längst überwunden. Von den Auftraggebern des Projektes kam die Anweisung, den Fokus auf die Entwicklung von Wirtschaftskooperationen zu legen und nicht über gegenseitige Vorbehalte zu sprechen, da das Thema „mentale Barrieren" nicht mehr relevant sei. Ähnlich klingt es in den Programmpapieren der EU. Meine Beobachtungen im Projektverlauf und das Sichten der Unterlagen ergeben ein anderes Bild: österreichische MitarbeiterInnen, UnternehmerInnen und Beratende sprechen von „Unterschieden in der Arbeitsweise der Ungarn" und das fast immer in abwertender Form. Die andere Arbeitsweise wird auf Mentalitätsunterschiede zurückgeführt. Im Kapitel „Mentale Barrieren und wirtschaftliche Zusammenarbeit" wird näher darauf eingegangen.

Die berufliche Alltagspraxis von MitarbeiterInnen eine Textilbetriebs und eines wärmetechnischen Unternehmens im Kontakt mit den MitarbeiterInnen der jeweiligen ungarischen „Partnerfirma" soll beschrieben und Kontext, Geschichte und Theorie miteinbezogen werden. Der soziale Hintergrund, vor dem sich die Interaktionen abspielen, die Beschreibung der Geschichte als Prozess des Entstehens der aktuellen Situation und die folgenden drei theoretischen Ebenen sind der Analyserahmen: Globalisierung und ihre arbeitsorganisatorische Auswirkung auf Ungarn, die Rolle von Orientalismus und Balkanismus bei der Konstruktion und Abwertung von „Anderen" und die Interkulturalisten mit ihrer Sicht auf und ihrem Beitrag zur Konstruktion von kultureller Differenz.

Dabei ist die Fragestellung „was muss alles mit betrachtet werden, wenn man die Kommunikation zwischen MitarbeiterInnen in österreichischen und ungarischen Unternehmen umfassend verstehen will" leitend. Wie sind die Beziehungen der handelnden Personen und Institutionen auf der Mikro- und Makroebene organisiert, welche Bedingungen führen dazu, dass das beobachtete Agieren ein breit akzeptiertes Verhalten ist? Was trägt bei zur Gestaltung und Aufrechterhaltung eines Machtverhältnisses?

Neben dem Kontext ist die Beobachterin wesentlich dafür, wie sich die erfahrbare Wirklichkeit darstellt. Wer ich bin und wie ich im Feld gesehen werde, beeinflusst das Material das ich sammle, den Zugang zu sozialen Situationen und die Art und Weise wie Personen über kulturelle Differenz und Diskriminierung reden (vgl. Burawoy 1998: 11). Das Feld wurde in der Rolle der Beraterin und nicht in der Rolle der Anthropologin erforscht. Die Rolle als Beraterin und „Interkulturalistin" und deren Einfluss auf die Datenerhebung soll kritisch reflektiert werden.

Das Projekt wird als Prozess beschrieben und drei Ereignisse werden ausgewählt, in denen die oben beschriebene Haltung sichtbar wird. Die Ereignisse werden miteinander in Beziehung gesetzt und in ihren politischen, ökonomischen und geografischen Kontext gestellt. Gleichzeitig untersuche ich die Daten nach Abweichungen von oben beschriebener Haltung, nach Ausnahmen und Widersprüchen. Bei der Analyse liegt der Fokus neben der Schilderung des Beobachteten vor allem auf den Konflikten und den nicht eingetretenen (aber erwarteten) Ereignissen, auf dem Scheitern und den Begebenheiten am Rand, welche die Situation beeinflussten. Ich habe eine Übung ausgewählt, die im Rahmen eines Workshops gemacht wurde und ein Gruppengespräch zur Auswertung der Erfahrungen aus dem Austausch. Als drittes Ereignis wurde ein informelles Gespräch nach einem Gruppengespräch gewählt. Die Differenz zwischen dem offiziellen und dem informellen Gespräch wird als Linse verwendet, um das offiziell Gesagte zu interpretieren. Bei der Auswahl der Ereignisse waren zwei Kriterien wichtig: Die Ausschnitte aus der sozialen Praxis sind typisch für den im Projektzeitraum beobachteten Umgang miteinander, und sie sind gut dokumentiert.

Anhand von einzelnen Situationen aus dem Arbeitsalltag von österreichischen ArbeitnehmerInnen, die mit ungarischen Unternehmen und deren MitarbeiterInnen interagieren, soll die Wahrnehmung und Beschreibung von Unterschieden aus Sicht der ÖsterreicherInnen aufgezeigt werden. Die Sicht der ungarischen MitarbeiterInnen wird „als Gegenstück" dargestellt, um das Bild zu vervollständigen. Der Fokus liegt aber auf der Frage „wie werden die Unterschiede aus „westlicher" Sicht konstruiert?" Das bedeutet nicht, dass die Frage nach der „östlichen" Sicht unwichtig wäre, dies würde nur den Rahmen dieser Arbeit überschreiten und das vorhandene Material ist dafür nicht geeignet.

Es geht in dieser Arbeit nicht um eine allgemeingültige Antwort auf die Frage welche Rolle Kultur in der transnationalen Zusammenarbeit von Unternehmen spielt. Die beschriebenen Unternehmen liegen räumlich sehr nahe und werden durch eine besondere Grenze getrennt. Diese verläuft zwischen einem ehemals kommunistischen Land, das sich in den globalen Kapitalismus eingliedert und einem Land, das schon seit längerem zum globalen Kapitalismus, zur EU, zum „Westen" zugehörig ist.

Das für diese Arbeit verwendete Datenmaterial weist auf Abwertung hin. Es soll untersucht werden, wie diese Abwertung organisiert und reproduziert wird. Gleichzeitig wird nach Widerlegung der Abwertung gesucht. Eine Vorannahme der Verfasserin ist, dass die grenzüberschreitende Zusammenarbeit von Machtasymmetrie und Abwertung geprägt wird. Macht ruft Anpassung und Widerstand hervor. Deshalb soll gezielt nach Hinweisen auf Strategien des Widerstands gesucht werden.

3 Theoretischer Rahmen

Auf unterschiedlichen Ebenen wird ein Machtunterschied, der die Zusammenarbeit von österreichischen mit ungarischen Unternehmen und deren MitarbeiterInnen prägt, hergestellt und reproduziert. Diese Ebenen interagieren, sie bedingen und verstärken sich gegenseitig. Aus der Position der Dominanz heraus werden Identitäten zugeschrieben.

3.1 Globalisierung und Neoliberalismus

In diesem Kapitel geht es um die globalen Zusammenhänge. Die Vorstellung von räumlich abgeschlossenen und abgegrenzten Nationalstaaten und den dazugehörigen Nationalgesellschaften ist obsolet geworden durch die Globalisierung.

Die Mikrosysteme „Arbeitsteams" und ihre Beziehungen untereinander in der grenzüberschreitenden Zusammenarbeit werden auf der Makroebene von außen gestaltet durch den Transformationsprozess nach dem Ende des Staatssozialismus und durch die Einbindung in die globale Ökonomie. Es geht um die Frage nach der Auswirkung von Neoliberalismus und Globalisierung auf die Arbeitswelt und auf die Gestaltung des Machtverhältnisses der beteiligten Nationalstaaten. Österreich als Teil des „Westens" und der EU stand im Erhebungszeitraum Ungarn als Teil des „Ostens" gegenüber. Die postsozialistischen Länder hatten Bedingungen zu erfüllen, um Teil der EU zu sein.

Es stellt sich die Frage nach dem neuen Gefüge: „Wie werden die Sozialpolitik und der Arbeitsmarkt beeinflusst?"– „Welche Praktiken ruft die neoliberale Logik durch die jeweiligen politischen Rahmenbedingungen hervor?"

3.1.1 EU als key agent der Globalisierung

Der Nationalstaat kann nicht länger als Container für soziale Prozesse gesehen werden. Er steht als ein Akteur unter vielen der globalen Ökonomie gegenüber und muss zwischen nationalem Recht und den Ansprüchen der globalen Akteure, seien es Unternehmen, Märkte oder Organisationen, verhandeln (vgl. Sassen 2001: 187, 191). Wirtschaftsaktivitäten gehen weiterhin hauptsächlich von einer lokalen Ebene auf einem nationalen Territorium aus. Will man das Nationale vom Globalen trennen, gibt das keine klare Linie sondern „*a zone where old institutions are modified, new institutions are created, and there is much contestation and uncertain outcomes*" (vgl. Sassen 2001: 202).

Todorova bezeichnet EU-Europa als „ *Kernregion der Weltkolonisation und Industrialisierung* (2003: 229)." Für Gille ist die EU der „key agent" der Globalisierung und stellt so einen guten Stellvertreter dar, um die Globalisierung in postsozialistischen Ländern zu untersuchen (2004: ii). Sie versteht das Globalisierungsprojekt als neoliberale Agenda, welche Regionen und Städte in das globale Freihandelsnetzwerk einführt, um preisgünstige Zulieferer für bestimmte Nischen am Weltmarkt zu bekommen. Als Analyserahmen für diesen widersprüchlichen Prozess vom Zusammenbruch des Staatssozialismus und dem Eintritt in EU und Globalisierung verwendet sie die „global ethnography". Für unterschiedliche Personen und soziale Gruppen wirken sich der EU Beitritt und der Eintritt in die westliche Ökonomie und Politik unterschiedlich aus. Sie profitieren davon oder verlieren dabei unterschiedlich. Gille lehnt die Unterteilung in VerliererInnen und GewinnerInnen der Transformation ab und schlägt stattdessen eine dreifache Unterteilung vor: „global forces", „global connections" und „global imaginations". Europa und die EU sind das Bindeglied zur globalen Ökonomie und können aus Sicht der Osteuropäischen Beitrittsländer sowohl als global force, als global field und als global vision betrachtet werden (vgl. Gille 2004: 1f).

Europäisierung als global force
Globalisierung kann als Macht von außen erlebt werden, die kaum Wahlmöglichkeiten bietet und die Betroffenen in ihrer Handlungsfähigkeit einschränkt. Für Personen, deren Alltag von Firmenschließung und/oder Einsparungen im Sozialbereich geprägt ist, stellt sich Globalisierung als global force dar (vgl. Gille 2004: 1f).

Der Prozess des EU Beitritts von Ungarn hat sich nicht als Verhandlung zwischen zwei gleichberechtigten Partnern gestaltet, vielmehr wurden den Beitrittskandidaten Aufgaben und Bedingungen gestellt, welche diese zu erfüllen hatten. Aus der Sicht der Betroffenen ist es schwierig -und auch nicht relevant- zu sagen, ob sich ihre Lebensbedingungen auf Grund des Zusammenbruchs des Staatssozialismus, wegen der Globalisierung oder wegen des EU Beitritts verschlechtert haben. Gille zeigt das anhand eines Beispiels auf: Die Milch, die man jahrzehntelang gekauft hat, steht nicht mehr im Regal. Möglicherweise wurde der Produktionsbetrieb privatisiert, ging bankrott oder wurde an ein multinationales Unternehmen verkauft, und nun wird die Milch unter einem anderen Namen und zu höherem Preis angeboten. Oder das Produkt hat nicht den EU Standards entsprochen und musste deshalb vom Markt genommen werden. Es steht die Wahrnehmung im Vordergrund, dass von außen diktierte Regeln eingehalten werden müssen, um dringend benötigte finanzielle Unterstützung zu erhalten. Die EU wird als supranationale Macht erlebt. Die EU selbst und ihre Institutionen sind in globale wirtschaftliche und politische Veränderungen eingebunden, welche die Bedingungen diktieren. Damit die Vorstellung der „konkurrenzfähigen EU" Bestand hat, muss sie sich den Regeln der globalen Wirtschaft unterordnen. Die neoliberale Ökonomie fordert Reduzierung der Sozialausgaben und immer mehr Raum für freien Handel (vgl. Gille 2004: 2-4).

EU als Feld für Verbindungen
Der Prozess der Globalisierung, Transnationalisierung und Deterritorialisierung kann auch als Chance erlebt werden. Menschen können neue Handlungsfähigkeit erlangen durch Arbeitsmigration oder transnationale Kontakte und Verbindungen, die für politische Aktivitäten genutzt werden. Sie sind aktiv am Aufbau von Verbindungen beteiligt und profitieren von diesen „global connections" (vgl. Gille 2004: 1f).

Der Prozess der Erweiterung hat eine neue gesellschaftliche Schicht hervorgebracht - Personen, welche vom Kontakt mit der EU profitieren und in einem gewissen Ausmaß das Verhältnis zur EU mitgestalten. Neue Berufsgruppen, die sich mit der Erweiterung beschäftigen, sind entstanden und EU Programme für Erziehung, Beteiligung etc. stellen materielle und ideelle Ressourcen zur Verfügung. Für Menschen, die aus diesen neuen europäischen Beziehungen einen Vorteil ziehen können, ist die EU ein Feld von Möglichkeiten, das ihnen Ressourcen zur Verfügung stellt und durch Rechtssicherheit und demokratische Prinzipien gekennzeichnet ist. Vor allem gut Ausgebildete und AktivistInnen können die „EU connection" für sich und ihre Anliegen nutzen.
Die ungarische Regierung benutzte diese Gruppen als Beweis für die Vorteile des EU Beitritts und argumentierte, dass alle, die bereit für Veränderung seien, profitieren können. Damit wurde den Verlierern der Transformation selbst die Schuld für ihre Situation zugewiesen (vgl. Gille 2004: 4-6).

Europa als umstrittene globale Vision

Es gibt soziale Gruppen, die nicht nur die Auswirkungen der Globalisierung auf ihr Leben selbst mit steuern können, sondern sich selbst aktiv am Prozess des Aushandelns beteiligen. Sie setzen sich für eine alternative Entwicklung von Globalisierung ein und führen ihren politischen Kampf mit Hilfe der Macht der „global imagination" (vgl. Gille 2004: 1f).

Für Gille ist diese global imagination im Falle der EU nicht unumstritten. Im Rahmen des Beitrittsprozesses mussten die Kandidatenländer beweisen, dass sie europäisch genug sind, um der EU anzugehören. Was genau die europäische Identität ist, bleibt unklar. Aber das vereinte Europa verbindet sich mit Werten wie Demokratie, Fortschritt, Hochkultur, Zivilisation. Wie Böröcz in seinem Artikel über European Goodness ausführt (siehe weiter unten), wird in dieser Fiktion die imperialistische und faschistische Vergangenheit ausgeblendet. Die Idee des Vereinigten Europas wird von EU Programmen gefördert und ist zu einem Betätigungsfeld für Regierungs- und Nichtregierungsorganisationen geworden (vgl. Gille 2004: 6-8).

Gille will mit ihrer Dreiteilung anstelle des Gewinner/Verlierer Paradigmas die Feinheiten der politischen Veränderung erfassen. Die Reduzierung des Menschen auf homo oeconomicus gibt nicht die Erfahrung der Betroffenen wieder. Chancen und Empowerment, aber auch Einschränkungen der individuellen Handlungsfähigkeit müssen miteinbezogen werden. Zum Beispiel wirken Veränderungen in der Wohlfahrtspolitik nicht nur auf der monetären Ebene, Zuwendungen des Staates wirken auch auf das Selbstbild der Betroffenen. Es macht einen Unterschied, ob Leistungen bedingungslos oder bedarfsorientiert ausbezahlt werden. Wenn um staatliche Leistungen gebeten werden muss, auf die man vorher einen Rechtsanspruch hatte, ist das selbstentmächtigend und stigmatisierend. Diese Erfahrung lässt sich aber nicht im Gewinner/Verlierer Schema erfassen, da sich sich die Höhe der staatlichen Zuwendung unter Umständen nicht verändert hat. Auf der anderen Seite können sich für Personen und soziale Gruppen durch die Verbindung und Vernetzung mit der EU neue Möglichkeiten auftun, die zu einer verbesserten Handlungsfähigkeit führen, obwohl sich an ihrer wirtschaftlichen Situation nichts ändert (vgl. Gille 2004: 9).

3.1.2 Unsicherer Übergang

Der Blick auf die Transformation in der früheren Sowjetunion und in Osteuropa kann aus verschiedenen ideologischen Winkeln erfolgen: Für die einen ist es das Ende der Geschichte und damit der endgültige Sieg von Marktwirtschaft und Demokratie. Andere sehen die Abenddämmerung der Moderne, das Ende der Regulierbarkeit der Welt, gekommen. Zwischen diesen Narrativen gibt es die Ansicht, dass hybride Gesellschaften im Entstehen sind. Burawoy und Verdery treten dafür ein, dass die Mikroprozesse analysiert werden, anstatt Theorien nur durch die Analyse der Makroebene zu generieren (vgl. Burawoy, Verdery 1999: 1).

ForscherInnen des Forschungsverbunds Ost-Südosteuropa sind mit empirischen Erhebungen in sieben postsozialistischen Ländern der Frage nach dem Zusammenhang zwischen Transformationsproblemen und dem Erbe des Realsozialismus nachgegangen. Das „Erbe des Kommunismus" bedeutet für sie, dass die Arbeitswirklichkeit im Staatssozialismus Verhaltensweisen hervorgerufen haben, die auch nach dem Systemwechsel noch wirksam sind.

Grundlegende Einstellungen zur Arbeit (Leistungsbereitschaft, Arbeitsplatzsicherheit, Firmenloyalität, Hierarchie, Kollegialität, informelle soziale Beziehungen usw.) sind durch Jahrzehnte sozialistischer Arbeitserfahrung nachhaltig geprägt worden (Schubert 2003: 8, 15).

Burawoy und Verdery meinen hingegen, dass Verhaltensweisen, welche auf „sozialistisches Erbe" oder „Kultur" zurück geführt werden, in Wirklichkeit etwas Neues sein können, nämlich direkte Antworten auf die geänderte Marktsituation (vgl. Burawoy/ Verdery 1999: 2f).

Stark spricht von Transformation, nicht von Transition wie Burawoy und Verdery. Er sagt, das Ende des Staatssozialismus hat nur scheinbar ein institutionelles Vakuum hinterlassen. Hinter der allumfassenden Dominanz der sozialistischen Partei gab es ein Netzwerk von Beziehungen und Reziprozität. Marktähnliche Transaktionen waren weit verbreitet. Diese Praktiken, Organisationsformen und soziale Bindungen können in der neuen Situation Ressource und Basis für Zusammenarbeit sein. Transformation bedeutet, dass die Einführung von neuen Elementen verbunden ist mit Anpassung, Neuordnung, Vertauschung und Umgestaltung der bestehenden Organisationsformen. AkteurInnen sind an Unsicherheit, Mehrdeutigkeit von widersprüchlichen Sozialformen gewöhnt und reagieren mit Improvisation (vgl. Stark 1992: 300f). Ein anderes wesentliches Merkmal der Transformation ist, dass der Umbau von Politik und Wirtschaft gleichzeitig erfolgen muss. Die Entwicklung der Demokratie und der Umbau des Eigentumsregimes sind interagierende Prozesse (vgl. Stark/Bruszt 1998: 1).

Neoliberalismus

Aihwa Ong sieht Neoliberalismus als ein wanderndes Set von Praktiken, das als Logik des Steuerns in verschiedenen politischen Kontexten unterschiedlich aufgegriffen wird. Sie übt Kritik an der Sicht auf Neoliberalismus als dominante Struktur, welche der gesamten Nation seinen sozialen Wandel überstülpt. Vielmehr handelt es sich um eine Technologie, die gemeinsam mit anderen politischen Gegebenheiten „freie Subjekte" regiert. Das Ziel ist Profitsteigerung und dieses Ziel wird je nach Gegebenheiten unterschiedlich angestrebt. In westlichen Industrienationen bedeutet das vor allem, die Freiheit des Einzelnen zu betonen und „freie, selbstwirksame Menschen" zu propagieren, die eigenverantwortlich in der Arbeitswelt, in der Gesundheitsvorsorge, der Bildung etc. agieren. Das bedingt ein neues Verhältnis zwischen Regierung, den autonomen BürgerInnen und der Verwaltung (vgl. Ong 2006: 3-6).

3.1.3 Neoliberalismus in Ungarn

In diesem Abschnitt geht es um die Einbindung Ungarns in den globalen Kapitalismus und um den Aufbau der Wirtschaftsbeziehung zur EU und speziell zu Österreich.

Marktwirtschaftliche Elemente wurden früh - lange vor dem Systemwechsel - in die Zentralwirtschaft integriert. Die Reformpolitik Kádárs (1956-1985) ermöglichte das Entstehen eines privatwirtschaftlichen Segments, der „Zweiten Wirtschaft". 1989 war Ungarn ein hochverschuldetes Land, nach dem Systemwechsel wurde rasch privatisiert, bereits zehn Jahre später war die Privatisierung abgeschlossen, meist kam es zum direkten Verkauf von gesamten Unternehmen oder Unternehmenseinheiten an in- oder ausländische Investoren. In der ersten Phase der „spontanen Privatisierung" kam es zu persönlichen Bereicherungen (vgl. Maier et al 2003: 33).

„Across the ruins of communism, a clear breeze blows from the west. ....it promises prosperity through sacrifice" (Stark 1992: 299). Gedeihen durch Opfer ist der Ratschlag aus dem Westen. Die Auswirkungen des Strukturwandels waren ein massiver Rückgang der Beschäftigten in der industriellen Produktion und ein Ansteigen der Arbeitslosigkeit. Die Reduktion der Betriebsgrößen brachte einen Abbau der betrieblichen Sozialleistungen und der sozialen Infrastruktur mit sich (vgl. Maier et al 2003: 41). Um weiterhin Kredite vom Internationalen Währungsfond zu erhalten, kürzte die ungarische Regierung im Jahr 1995 Renten, Sozialversicherungsleistungen und Ausgaben im Bildungswesen. Gemeinsam mit einer Abwertung des Forint führte das zu einem Reallohnverlust um 10% (vgl. Hofbauer 2007: 86). Während die Folgen der Privatisierung, wie Arbeitslosigkeit, Schäden durch unterlassene Investitionen in die Infrastruktur (Deponien, Stromnetz etc..) und Entschuldung der Betriebe vor der Privatisierung von der Allgemeinheit zu tragen waren, flossen die Erträge ins westliche Ausland.

Hofbauer bezeichnet die Eingliederung Osteuropas in den globalen Kapitalismus als *„Zurichtung zur Peripherie"* (Hofbauer 2007). Einzelne Regionen dienen als verlängerte Werkbank von westeuropäischen Konzernen, der Gewinn fließt nach Westen ab und die sozialen Unterschiede zwischen Regionen und Personengruppen wachsen (ebenda: 7).

Der im ausländischen Besitz befindliche Exportsektor organisierte also hauptsächlich die Weiterverarbeitung von Produkten für den Weltmarkt. Dies passierte bis zur Jahrhundertwende in so genannten Zollfreigebieten, die im Jahr 2000 45% des gesamten Außenhandels ausmachten (Hofbauer 2007: 93).

Die ersten Sonderwirtschaftszonen bzw. Freie Exportzonen entstanden in Ungarn 1982. Da mit dem Systemwechsel eine schnell durchgreifende Liberalisierung und Öffnung des Weltmarktes verbunden war, wurden sie bereits vor dem EU Beitritt im Jahr 2004 als überflüssig angesehen (vgl. Wick 1998: 236).

Im Vergleich zu anderen Transformationsstaaten hat Ungarn steuerlich sehr attraktive Bedingungen für FDI[2], zB. die Befreiung von Körperschaftssteuer. Die Konkurrenz

---

[2] Foreign Direct Investment

um FDI mit niedrigen Steuersätzen führt zu einer Aushöhlung des Wohlfahrtsstaates (vgl. Saringer 2005: 7). Nach Estland ist Ungarn das Land mit den höchsten Zuflüssen an FDI. Ungarn bietet Investoren Steuervergünstigungen bis zur Steuerbefreiung, die Löhne sind vergleichsweise niedrig. Neben einer hohen Arbeitslosigkeit ist für Investoren das gute Ausbildungsniveau günstig. Alle wichtigen Sektoren der ungarischen Ökonomie, wie Lebensmittelproduktion, Textilbranche, Maschinenbau, Post und Telekommunikation haben mehrheitlich ausländische Eigentümer (Hofbauer 2007: 94f). Regional sind diese Investitionen sehr ungleich verteilt. Es profitiert Westungarn (ebenda: 98). Nach der Wende hatten innerhalb kurzer Zeit 1,5 Millionen Menschen durch Schließung oder Privatisierung der Staatsbetriebe ihren Arbeitsplatz verloren (ebenda: 100). Die Abhängigkeit von ausländischen Investoren und den von ihnen geschaffenen Arbeitsplätzen ist groß.

Die Umstrukturierung der Wirtschaft führte zu einer dualen Wirtschaftsstruktur. Auf der einen Seite steht durch ausländisches Kapital finanzierte, technologisch auf hohem Niveau und für den Export bestimmte Produktion – vor allem in Bereichen, die von Zöllen befreit sind. Der andere Teil der Volkswirtschaft produziert auf technologisch niedrigem Niveau, mit hoher Beschäftigtenzahl und befindet sich hauptsächlich in inländischem Besitz. Dieser Bereich unterliegt der Zollpflicht und produziert einen Großteil des BIP (vgl. Hofbauer 2007: 93f).

Ungarn trat 1982 dem IWF bei und gestattete es Westkonzernen, Arbeitsprozesse in ungarische Staatsbetriebe zu verlagern. Die durch staatliche Subvention verbilligten Arbeitskräfte produzierten für Westfirmen. Der Gewinn floss in den Schuldendienst (vgl. Hofbauer 2007: 259). Die Entwicklung im Textil- und Bekleidungssektor ist für Hofbauer ein Beispiel der peripheren Integration Ungarns in die EU. Der Forschungs- und Entwicklungsanteil in der Branche ist niedrig, produziert wird im Niedriglohnsegment. Die österreichische T. International AG ließ als erstes Bekleidungsunternehmen ab 1972 Mieder und Dessous in Ungarn nähen. Der ungarische Staat garantierte Vertragstreue und Arbeitsdisziplin (ebenda: 268). Als Mitte der 1990er Jahre durch EU-Assoziierungsverträge der unbegrenzte und zollfreie Export von Textilien aus Osteuropa ermöglicht wurde, stieg die Bedeutung der *„passiven Lohnveredelung"* (Hofbauer 2007:270): das Design und der Produktionsablauf wird von westlichen Konzernen vorgegeben, die einzelnen Arbeitsschritte werden am jeweils billigsten

Standort ausgeführt. Ein Effekt dieser „passiven Lohnveredelung" war, dass sich ehemals vertikal integrierte Fabriken zu Zulieferern herab entwickelten. Diese Produktionsstätten wurden zu verlängerten Werkbänken und verloren Wissen über Produktionsabläufe (ebenda: 270f).

Bohle spricht von einer EU Mitgliedschaft zweiter Klasse, da die Erweiterung im Wesentlichen auf die Interessen transnationaler Kapitalgruppen zurück gehe.

> *Dies ist der erste Grund, warum die Europäisierung sich im Kontext der Osterweiterung von früheren Erweiterungsrunden unterscheidet. Erstmals in der Geschichte der EU geht eine Erweiterung Hand in Hand mit einer verringerten Solidarität und lässt die Errichtung einer permanenten Mitgliedschaft zweiter Klasse wahrscheinlich erscheinen"* (Bohle 2002).

Die Erweiterung der EU wurde als Hilfsprojekt für den Osten dargestellt. Aber durch die Art und Weise, wie Ungarn in die EU und in den globalen Kapitalismus eingeführt wurde, hat sich ein Machtunterschied verfestigt. Ungarn wurde ein Teil der EU, aber ein marginalisierter. In wesentlichen Bereichen der ungarischen Ökonomie sind ArbeitnehmerInnen von ausländischen Eigentümern abhängig. Staatsausgaben wurden im Auftrag des IWF gekürzt, auf der anderen Seite gibt es Vergünstigungen für Investoren.

Böröcz findet es in einer Rede im Jahr 2000 bemerkenswert, dass Österreich als der viertgrößte Investor in Ungarn eine Regierung hat, in der eine Partei die Osterweiterung der EU ablehnt „*on the basis of an argument that posits the essential inferiority of all applicants"* (Böröcz 2000[3]). Auf diese Zuschreibung von Unterlegenheit wird im nächsten Kapitel näher eingegangen.

3.2 Die Organisation der Abwertung – Ebene der kollektiven Identitätskonstruktion

In diesem Kapitel geht es um kollektive Identitätskonstruktionen: Wie wird Ungarn aus österreichischer und westlicher Sicht wahrgenommen und beschrieben. Todoro-

---

[3] Rede bei einem Seminar der East European Studies: „Hungary 10 Years after - Permanence of Suspension"

va verwendet das Konzept Balkanismus. Böröcz, Boatcă und Buchowski verwenden das Konzept des Orientalismus nach Said um zu beleuchten, wie über das „Andere" gedacht und wie es konstruiert wird. Der „Orient" kann „naher", „ferner", „europäischer" Osten sein oder sich auf soziale Räume beziehen.

Die erfolgreiche Verwestlichung Ungarns

Mit der Fragestellung „wo verortet sich Ungarn im Europäischen Identitätsdiskurs" befasst sich der Wiener Politologe Pribersky. Er spricht von einem Narrativ der ungarischen Geschichte als wiederholter erfolgreicher Verwestlichung und legt anhand von symbolischen Selbstdarstellungen Ungarns dar, dass sich Ungarn „immer schon" als Teil des Westens gesehen hat. Die Überwindung des Eisernen Vorhangs war Voraussetzung für die EU Erweiterung und die erfolgreiche Verwestlichung (vgl. Pribersky 2004: 128). Der Autor lobt *„das „unproblematische" Einfügen der (Selbst-)Repräsentation der ungarischen Geschichte in ein gängiges Bild der Grundlagen unseres aktuellen Kultur- und Gesellschaftszusammenhangs"* (Pribersky 2004: 134). Dieser Text entstand im Rahmen eines interdisziplinären Friedensprojekts zum Thema „interkulturelle Kommunikation" mit Ungarn. Es wird nicht hinterfragt, ob „Verwestlichung" der ehemaligen Ostblockländer ein nationales und globales, dem Frieden dienliches Ziel ist, bzw. ob es Alternativen dazu gibt. Er spricht auch die Machtasymmetrie nicht an, die den Beitrittsprozess gestaltet hat – es ging nicht um gleichberechtigte Verhandlungen, sondern Bedingungen, die erfüllt werden mussten, um in die EU aufgenommen zu werden.

Ein traditionelles Selbstbild Ungarns ist die Brückenfunktion zwischen Ost und West, wobei auf die Zugehörigkeit zum Westen Wert gelegt wird. Die feierliche Einweihung der (damals provisorischen) Europabrücke war der wichtigste öffentliche Auftritt von Vertretern der ungarischen Regierung vor der Volksabstimmung zum EU Beitritt. Das Symbol der Europabrücke sollte die Verankerung im Westen zeigen (vgl. Pribersky 2004: 128f).

3.2.1 Balkan und Balkanismus

Auch Boatcă bezieht sich auf die Brückenfunktion. Sie merkt an, osteuropäische Gesellschaften und Orte werden häufig als „Brücken" oder „Tore zum Osten" dargestellt. Ihr geht es aber um den Übergangsstatus als die zentrale Eigenschaft. Östlichkeit liegt an der jeweiligen Grenze Europas und es gibt ein immer wiederkehrendes Muster in der Identitätskonstruktion, diese Östlichkeit zurück zu weisen (vgl. Boatcă 2006: 1). Südosteuropa ist die Brücke zwischen Orient und Okzident und wird als Brücke zwischen Entwicklungsstufen betrachtet. *„Der Balkan ist also eine Brücke zwischen verschiedenen Entwicklungsstufen und dies führt zu Etikettierungen wie halbentwickelt, semikolonial, halbzivilisiert, halborientalisch"* (Todorova 1999: 34).

Todorova plädiert dafür, den Balkan nicht mit den Werkzeugen des Orientalismus und des Postkolonialismus zu untersuchen, da er innerhalb von Europa liegt. Der Balkan ist ein Teil Europas, der marginalisierte und periphere Teil. Südosteuropa oder der Balkan ist nicht einfach eine Subregion, wesentlich ist die Position in der hierarchischen Matrix. Todorova verwendet den Begriff der „markierten" und der „unmarkierten" Regionen. Als Beispiel führt sie die Institute für Europastudien zahlreicher europäischer und amerikanischer Universitäten an. Häufig ist das Feld der Osteuropastudien nicht in diese Institute integriert. Somit ist Osteuropa eine markierte Region. Markierte Regionen werden als verschieden gekennzeichnet. *„...während die unmarkierten Kategorien ihre Macht davon ableiten, dass sie der Standard sind, an dem alle anderen sich messen müssen. Es sind die unmarkierten Kategorien, die diskret im Zentrum des Allgemeinbegriffs stehen und diesen im Grunde beherrschen"* (2003: 229f). Die unmarkierten Regionen Europas sind nicht nur eine geografische Zone, sondern auch eine wirtschaftliche und administrative Kraft, eine historische Idee und ein Ideal (vgl. Todorova 2003: 229f).

Balkan als Bezeichnung ist ein neutraler Name, der „Gebirge" bedeutet. Balkan als Region wird als Synonym für Südosteuropa verwendet. Abhängig von der Wahrnehmung von Wirklichkeit kann der Begriff eine neutrale, positive oder abwertende Bedeutung haben. Balkan als Metapher hat sich in einem stufenweisen Prozess seit Beginn des 20. Jahrhunderts zu einem pejorativen Begriff entwickelt. Ausgelöst durch den Zerfall des Osmanischen Reichs und einem schwierigen Modernisierungsprozess wurde der Balkan zum Symbol für „aggressiv", „intolerant", „barbarisch", „halbentwickelt", „halbzivilisiert" und „halborientalisch". Es gibt aber auch eine positiv besetzte Metapher, wenngleich diese eine Ausnahme darstellt: der Balkanbegriff stand ab dem 19. Jahrhundert in Bulgarien für Unabhängigkeit, Freiheitsliebe, Mut und Würde (vgl. Todorova 2003: 232f).

Mit seiner konkreten geografischen und historischen Existenz wurde der Balkan durch ein halbes Jahrtausend osmanischer Herrschaft geprägt (vgl. Todorova 1999: 29f). Balkan kann auch als historisches Vermächtnis, als osmanisches Vermächtnis gesehen werden. Die Elemente, welche als osmanisch wahrgenommen werden, prägen das aktuelle Balkanstereotyp am meisten (vgl. Todorova 2003: 233, 241). Todorova verwendet den Begriff Vermächtnis (legacy) um die räumliche Analyse mit der historischen zu verbinden. Sie untersucht das Zusammenspiel von historischen Perioden, Traditionen und Vermächtnissen um Antwort auf die Frage „Was ist der Balkan?" zu finden (2003: 239ff). Vermächtnis bezeichnet soziale Fakten, die unterschiedlich weit von der Erfahrung entfernt sein können. Es handelt sich im Allgemeinen nicht um die Besonderheiten einer Periode, sondern um die Überlieferung von Merkmalen aus einer Periode, nachdem diese bereits abgelöst wurde und zum anderen um *„die Konstruktion der Vergangenheit in historiographischen, fiktionalen und journalistischen Werken ebenso wie im Alltagsdiskurs"* (Todorova 2003: 242). Vermächtnisse sind Prozesse und veränderlich, das osmanische Vermächtnis verliert an Bedeutung und damit entfernen sich die als balkanisch geltenden Länder auch von ihrer Balkanität. Im aktuellen Balkanismusdiskurs wird das osmanische Vermächtnis jedoch als unvergänglich und primordial angenommen (vgl. Todorova 2003: 242).

Die Mehrdeutigkeit

Im Balkanismuskonzept von Todorova geht es nicht um eine unterstellte Opposition wie im Orientalismus von Said, sondern um einen Diskurs über unterstellte Mehrdeutigkeit. Balkanismus beschäftigt sich mit Unterschieden innerhalb eines Typus, während Orientalismus den Unterschied zwischen (unterstellten) Typen behandelt (vgl. Todorova 1999: 35f, 38). Mehrdeutigkeit wird ähnlich wie Anomalie behandelt, Balkan wird „als etwas unvollkommenes Eigenes konstruiert und als „das Niedrigstmögliche, ...das strukturell gehasste Alter Ego" (Todorova 1999: 37). Die Ost-West Dichotomie wird entlang den Kategorien Religion und Rasse aufgebaut. Das *„allgemeine westliche Christentum"* steht der *„vermeintlichen östlichen orthodoxen Einheit"* (ebenda: 37) gegenüber. In Bezug auf Rasse gibt es *„den Diskurs, der den Balkan* *als eine Rassenmischung beschriebt, als eine Brücke zwischen den Rassen* (ebenda: 38) und trotz der ethnischen Ambiguität, die innere Hierarchisierung beinhaltet, wird der Balkan diesseits der Opposition als weiß und indoeuropäisch gesehen (vgl. Todorova 2003: 235).

Der Balkan, geografisch untrennbar mit Europa verbunden, wird als das innere Andere konstruiert und dient als *„Repositorium von negativen Eigenschaften, demgegenüber ein positives und selbstherrliches Bild von Europa und dem „Westen" konstruiert wird"* (Todorova 2003: 235).

Todorova attestiert neben einer ablehnenden und abwertenden Fremdwahrnehmung des Balkans auch eine negative Eigenwahrnehmung und meint, dass die Fremdwahrnehmung des Balkans in der Region selbst internalisiert wurde (1999: 64).

Der Balkanismus als Diskurs wurde im Zweiten Weltkrieg und zur Unterminierung des antikolonialen Kampfes in den sechziger Jahren verwendet. Eine Renaissance erlebte er nach 1989. Die ehemals sozialistischen ostmitteleuropäischen Staaten distanzierten sich erfolgreich vom Balkan. Der Krieg in Jugoslawien wurde als „Balkankrieg" dargestellt, obwohl es sich um einen auf Jugoslawien beschränkten Nachfolgekrieg handelte (vgl. Todorova 2003: 236).

3.2.2 Orientalismus

Orientalismus ist eine Reihe von diskursiven Praktiken durch die der Westen den imaginierten Osten politisch, militärisch, ideologisch, wissenschaftlich und künstlerisch strukturiert und wurde als kritische Kategorie 1978 von Edward Said eingeführt. Er bezieht sich zwar hauptsächlich auf die französischen und britischen kolonialen Beziehungen sowie auf die postkolonialen Außenbeziehungen der USA, sein Werk beeinflusste aber andere WissenschafterInnen, die über Osteuropa und den Balkan forschten und sich mit Konzepten zu Andersartigkeit und Differenz beschäftigten. Der Orient ist ein realer Ort und wird von realen Personen bewohnt, aber die europäische Repräsentation ist eine kulturelle Erfindung, um die Vorherrschaft zu legitimieren. Der Orient im Orientalismus ist ein geografisch nicht definierter Ort, es kann jeder Ort sein, den der Westen als „das Andere" konstruiert und den er unterstellt gegenteilig zu sein. Orientalismus funktioniert nicht nur zwischen, sondern auch innerhalb von Gesellschaften. Den städtischen stehen die ländliche BewohnerInnen, den Gebildeten die Ungebildeten, den GewinnerInnen die VerliererInnen der Transformation gegenüber (vgl. Buchowski 2006: 463ff).

Für Said hat Orientalismus mehrere Bedeutungen, die eng miteinander verbunden sind. Orientalistik als Wissenschaft, die sich mit Fragen des Orients befasst, wirkt in Theorien und akademischen Lehrsätzen weiter, auch wenn sie durch ihre Verbindung mit dem Kolonialismus an akademischen Boden verloren hat. In engem Zusammenhang mit der Orientalistik steht Orientalismus als Gedankenmuster, das auf einer ontologischen und epistemologischen Unterscheidung zwischen Orient und Okzident beruht. Die Ost-West- Polarisierung ist Ausgangspunkt für Darstellung von Kultur und Werten des Orients. Neben der akademischen und eher imaginären Bedeutung gibt es die historische Bedeutung von Orientalismus, die sich auf den institutionellen Rahmen für den Umgang mit dem Orient bezieht und auf die Art und Weise, wie Aussagen, Lehrmeinungen, Ansichten etc. legitimiert werden. *"Orientalism as a Western style for dominating, restructuring and having authority over the Orient"* (Said, 2006: 88). Said fasst Orientalismus als Diskurs im Foucault´schen Sinn auf. Sprachlich produzierte Sinnzusammenhänge entstehen gleichzeitig auf Basis bestimmter Machtstrukturen und Interessen und erzeugen diese. Die Produktion des Diskurses wird in jeder Gesellschaft *„...zugleich kontrolliert, selektiert, organisiert und kanalisiert..."* (Foucault, 1970: 7). Damit ist erklärbar, wie es Europa in der nachaufklärerischen Zeit geschafft hat, den Orient politisch, soziologisch, militärisch, ideologisch, wissenschaftlich und imaginär zu vereinnahmen und sogar zu erschaffen. *„The Orient was almost a European invention,..."*(Said 2006: 87). Ähnlich wie im Balkanismus von Todorova ist die Vereinnahmung total und geht bis zur (Neu)Erfindung. Es findet eine Reglementierung des Denkens und Handelns statt, in dem sich das gesamte Interessensgeflecht des Orientalismus unweigerlich einschaltet, wenn es um Fragen des „Orient" geht. Sowohl der „Westen" als auch der „Osten" sind geografische, kulturelle und historische Konstrukte, Ideen mit eigener Geschichte und Denktradition, von Menschen geschaffen. Das heißt nicht, dass der Osten in Wirklichkeit eine Erfindung ohne Realitätsgehalt ist. Said geht es nicht um die Entsprechung zwischen Orient und Orientalismus, sondern um die Ideen über den Orient, welche die innere Logik des Orientalismus geschaffen hat. Ein weiterer wichtiger Punkt ist die Frage nach den Machtverhältnissen. Die „Schaffung" des Orients entsprang nicht einer freien Phantasie, sondern passierte in einer „...*relationship of power, of domination, of varying degrees of a complex hegemony...*"(Said 2006:89). Orientalismus ist vor allem ein Symbol der Macht Europas über den Orient, ein Zeichen der Überlegenheit (ebenda 88ff). Aus dieser Position heraus kann die westeuropäische Überlegenheit ständig reproduziert werden.

3.2.3 Die westeuropäische Überlegenheit

„....*this type of other is seen as being perhaps of the same substance but offering an inexcusable inferior level of performance"* (Böröcz, 2001:25). Auch wenn die Anderen vielleicht vom gleichen Wesen als das westliche Selbst sind, so bleibt die unverzeihlich minderwertige Leistung. Joszef Böröcz geht der Frage nach, „Wie konstruiert der Westen den Osten" und greift dabei das Motiv der westeuropäischen Überlegenheit als zentrales Muster des europäischen Identitätsdiskurses auf. Anhand eines offenen Briefs von ungarischen Intellektuellen an die französische Regierung untersucht er den Mechanismus, welcher der Identitätskonstruktion sowohl „von innen" als auch „von außen" innewohnt. Er nennt es Orientalismus, obwohl es sich bei den „Anderen" nicht um „Andere in Abgrenzung zum Selbst" handelt sondern um solche, die „vom gleichen Wesen aber mit minderwertiger Leistung" sind.

Die Unterzeichnenden dieses Briefs beklagen die politische Rückständigkeit als immanenten Charakterzug Ungarns. Die ungarischen Intellektuellen sind via Frankreich mit den Roma verbunden, die in Ungarn rassistischen Übergriffen ausgesetzt waren und zum Teil in Frankreich Asyl erhielten. Die betroffenen Roma sprechen nicht für sich selbst, vielmehr werden sie mit „den Roma von Ungarn" gleichgesetzt und homogenisiert. Im Brief bedanken sich die Unterzeichnenden bei Frankreich und stellen eine Verbindung zwischen sich und Frankreich über die westliche Identität her (vgl. Böröcz: 2006: 112ff).

European Goodness als intraeuropäische Variante der kolonialen Differenz stellt das „gute Westeuropa" dem „nicht ausreichend guten oder bösen" Nichtwestlichen gegenüber, wobei die Goodness mit der Entfernung zum Zentrum abnimmt und alles von Europa verursachte Negative, wie zum Beispiel Nationalsozialismus und Kolonialismus, ausgeblendet wird. Frankreich wird als fortschrittlich gelobt, weil es einigen in Ungarn verfolgten Roma Asyl gewährt. Die ansonsten restriktive Asylpolitik Frankreichs und die Tatsache, dass Frankreich im Jahr 2000 von Großbritannien als unsicheres Drittland klassifiziert wurde, passen nicht in das Bild der moralischen Überlegenheit und bleiben unbeachtet. Die Unterzeichnenden idealisieren Frankreich, indem sie positive Elemente der Asylpolitik hervorheben und negative Aspekte systematisch auslassen. Böröcz plädiert dafür, dass der Westen nicht nur als Ort betrachtet werden soll, sondern dass auch die Geschichte mit all ihrem negativen Einfluss auf die Geschichte der Anderen gesehen werden muss (vgl. Böröcz 2006: 118 ff).

Die EU wird mit Europa gleichgesetzt und Europa an die Spitze der moralischen Hierarchie gestellt. Eine umfassend gültige moralische Hierarchie wird konstruiert, indem man davon ausgeht, dass moralische Güte und moralisches Übel empirisch ganz bestimmten historischen Subjekten zugeschrieben werden kann. Die Bevölkerung eines geografischen Ortes ist so ein historisches Subjekt und Europa ist essentialistisch ausgestattet mit moralischer Güte und Überlegenheit. Analog zur Regel der kolonialen Differenz beinhaltet die Regel der europäischen Differenz zwei Akte des Auslöschens: neben dem Negativen, das in Europa stattgefunden hat, wird Europa vom Rest der Welt getrennt und damit von allem Unrecht, das in seinem Namen begangen wurde. Nur durch eurozentrischen Imperialismus kann der Rest der Welt die positive moralische Qualität der Güte erlangen. Eigenständiges Erlangen der Goodness ist für die osteuropäischen Länder nicht möglich, sie können das nur, wenn das EU-Europa seine geopolitische Reichweite ausdehnt (vgl. Böröcz 2006: 126, 130). Es wird eine innereuropäische Hierarchie von Kulturen eingeführt, welche die gleiche Wurzeln wie der Rassismus hat (ebenda: 132).

Das Ende des Staatssozialismus hat den Westzentrismus verstärkt, was die osteuropäische Geschichte auf dreifache Weise unsichtbar macht: wesentliche Elemente der Erfahrung von Staatssozialismus werden ausgeblendet, es wird mit einem „weißen" Bias von Themen der Sozialistischen Revolution gesprochen und es wird ein Bild vom Menschen als „in der Regel westeuropäisch" gezeichnet (vgl. Böröcz 2007).

3.2.4 Der stigmatisierte Bruder

Buchowski plädiert für eine neue Perspektive auf den Orientalismus und meint, nach 1989 hätten sich die Grenzen des Orients zwar weiter nach Osten verschoben, der Orientalismus bestünde aber weiter als Geist, der Raum und Zeit überwindet. „A way of thinking about and practices of making the other...that creates „social distinction""" (Buchowski 2006: 466). Anstatt auf einen (realen oder vorgestellten) Ort Bezug zu nehmen, wendet er das Konzept des Orientalismus auf soziale Räume an. In Anbetracht von Globalisierung, dem Fluss von transnationalem Kapital, Transnationalismus etc. umfasst der postmoderne, postsozialistische, postindustrielle Orientalismus auch die Begriffe Kapitalismus - Kommunismus, zivilisiert - primitiv und die Klassenunterschiede Elite - Plebs. Der „ehemalige Ostblock" ist jetzt der „stigmatisierte Bruder". Innerhalb der postsozialistischen Gesellschaften wird in den herrschenden Diskursen, in wissenschaftlichen Analysen und in den Massenmedien den ArbeiterInnen und Bauern die Schuld an ihrer Misere nach dem Umbruch gegeben. Sie hätten nicht gelernt, wie man arbeitet und sind jetzt die VerliererInnen der Transformation. Sie sind die „neuen Anderen" und stehen den Angehörigen der Mittelschicht, die als ProtagonistInnen einer neuen materiellen Kultur den Werbebotschaften zu Folge High Tech Produkte konsumieren, gegenüber (vgl. Buchowski 2006: 466f).

Die Grenze zwischen dem dominanten „Wir", das mit modern, westlich, kapitalistisch und fortschrittlich gleichgesetzt wird und dem unterlegenen „die Anderen", die als kommunistisch und rückständig dargestellt werden, verläuft quer durch die postsozialistischen Gesellschaften. Der dichotomisierenden Logik des Orientalismus folgend, bringt der Kapitalismus Individualismus, Realismus, Effizienz, Freiheit und Kreativität hervor. Kapitalismus geht mit Demokratie einher und ist auf die Zukunft ausgerichtet. Der Kommunismus hingegen hat Zynismus, Nepotismus, Kollektivismus, Egalitarismus und kaum Eigenverantwortlichkeit hervorgebracht (vgl. Buchowski 2006: 470). Diese Zuschreibungen finden sich wieder, wenn mit dem „Erbe des Kommunismus" die ungenügende Arbeitsweise der ungarischen KollegInnen erklärt wird.

Grenz-Orientalismus

Gingrich beschreibt in „Grenzmythen des Orientalismus" eine Variante des Orientalismus, die in der Öffentlichkeit und in der Volkskultur von Ländern, die einen kolonialen Einfluss in den nahen Gebieten der islamischen Peripherie ausgeübt haben, vorkommt (2003: 111). Er bezieht sich auf die Konstruktion vom guten und vom schlechten Moslem, der entweder als treuer Verbündeter oder als gefährlicher Feind diesseits oder jenseits der nahen Grenze in Erscheinung tritt (ebenda: 116), sagt aber, dass je nach Interessenlage weitere Metaphern eingeführt werden können (ebenda: 122f). Die Verwendung einer Skala von Eigenschaften, die nach Bedarf eingesetzt werden, ist eine häufige Strategie in der Stereotypisierung. Der „gute" Moslem ist meist Bosnier, diese Metapher nimmt Bezug auf Österreichs Rolle als Kolonialmacht vor dem Zusammenbruch der Monarchie und auf die antiserbische Politik nach 1991. Der „schlechte Moslem" ist im Grenz-Orientalismus meist Türke – ein gefährlicher Eindringling oder ein besiegter, erniedrigter Feind. Symbole und Bezüge aus den Türkenbelagerungen sind in der österreichischen Kunst und Volkskultur weiterhin als Mythen, nicht als historische Realität vorhanden. Andere bedeutende Konflikte dieser Zeit und auch der türkische Einfluss auf Essen, Sprache und Architektur werden ausgeblendet. Dadurch kann der Gegensatz zwischen *„einem illusorischen, kohärenten „Wir" und dem gefährlichen oder erniedrigten türkischen „Anderen" jenseits der Grenze"* (ebenda: 117) aufrecht erhalten werden. Der Sieg über den gefährlichen Gegner wird als Ausgangspunkt für den eigenen Aufstieg gesehen. Die Darstellung vom guten oder schlechten Moslem kann verändert werden. In der Primärsicht handelt es sich um Türken und Bosnier, in einer leichter veränderbaren Sekundärsicht können es Araber und Juden sein (vgl. Gingrich 2003: 177f).

Wenn man das Konzept von Gingrich mit der Logik von Buchowski liest, sind die Orientalen jetzt die ehemaligen Kommunisten. Die nahe gelegene Grenze war und ist teilweise immer noch eine Trennlinie zwischen „uns" und „ihnen". Was im Fall der Türken die militärische Bedrohung war, ist im Fall der ehemaligen Kommunisten die befürchtete Konkurrenz um Märkte und Arbeitsplätze. Nach Gingrich ist

> *die Überwindung des schlechten Moslems [...] Voraussetzung für ruhmreiche Errungenschaften wie Modernität, aber auch (nationale) Identität, während das Vertrauen in einen kontrollierten guten Moslem im Kampf gegen andere Bedrohungen aufrecht erhalten werden sollte* (ebenda: 123).

Die jungen, gut Ausgebildeten, die hochmotiviert und billig den ihnen zugedachten Platz am neoliberalen Arbeitsmarkt einnehmen, sind die „kontrollierten guten Moslems". Die schlechten Moslems sind jene, die sich an die neuen Anforderungen nicht einfügen können und dem Wohlfahrtsstaat zur Last fallen.

Fazit

Auch auf der Ebene der kollektiven Identitätskonstruktion gehört Ungarn zwar zu Europa, aber als dessen marginalisierter und peripherer Teil. Aus einer überlegenen Machtposition heraus definiert „der Westen" „den Osten". Dem „Anderen" werden Eigenschaften zugeschrieben, die im Gegensatz zur eigenen moralischen Güte und Überlegenheit stehen.

3.3 Die InterkulturalistInnen

Der Kultur- und Sozialanthropologe Dahlen bezeichnet BeraterInnen, die sich im Feld der internationalen Zusammenarbeit im wirtschaftlichen und institutionellen Bereich mit den kulturellen Unterschieden beschäftigen als InterkulturalistInnen. In diesem Kapitel werden die Fragen „was tragen die InterkulturalistInnen zur Konstruktion der Differenz bei" und „wozu wird Kultur verwendet" beleuchtet. Dahlen hat sich mit der Konstruktion und Repräsentation von kultureller Differenz durch die InterkulturalistInnen beschäftigt. Hier soll auf drei Punkte näher eingegangen werden: Auf den Einfluss des Marktes auf die verwendeten Konzepte, auf die Identitätskonstruktion der BeraterInnen und auf das Wiederverwerten von älteren anthropologischen Konzepten. Die Arbeit von Hofstede wird näher beleuchtet, da sein Kulturkonzept und die Art und Weise wie es verwendet werden kann, im Projekt LAGERA von Bedeutung war. Neben interkultureller Beratung ist Diversitätsmanagement eine weitere Strategie mit Differenz im wirtschaftlichen Bereich umzugehen. Auf diese wird im dritten Teil des Kapitels eingegangen.

3.3.1 Markt, Identität und Konzepte der InterkulturalistInnen

Das neu entstandene und boomende Geschäftsfeld „interkulturelle" Zusammenarbeit hat das Berufsfeld der InterkulturalistInnen entstehen lassen. Interkulturelle Kommunikation als Forschungsbereich und als Betätigungsfeld für interkulturelle Praktiker wurde in den 1960ern in den USA etabliert. Junge AmerikanerInnen, die als Freiwillige an Entwicklungsprogrammen in der ganzen Welt mitarbeiteten, sollten auf ihre

Begegnung mit dem fremden Umfeld vorbereitet werden. Es stellte sich heraus, dass Informationen über Geographie, Religion, Geschichte, Politik und Kultur nicht ausreichen, um für das alltägliche Leben in einem fremden Land gerüstet zu sein. Es wurden Trainingsmethoden entwickelt, die den Fokus auf Erfahrungslernen legten. Die Teilnehmenden sollten den Umgang mit ihren Gefühlen in unvorhergesehenen, uneindeutigen und frustrierenden Situationen lernen (vgl. Dahlen 1997: 32ff).

Dahlens Kritik ist, dass die Orientierung an der Praxis den Zwang erzeugt, Kultur auf eine ganz bestimmte Art zu konzipieren. Im Unterschied zu der wissenschaftlichen Ausrichtung der AnthropologInnen orientieren sich InterkulturalistInnen an der Nachfrage am Beratungsmarkt. Ihr professioneller Status hängt vom Erfolg am Markt ab und da es sich um eine neu entstehende Profession handelt, kann man davon ausgehen, dass sich die Anforderungen der Praxis auf das gemeinsame Wissen auswirken. Die Angebote des interkulturellen Feldes erstrecken sich von Diversitätstrainings, Beratung und Coaching für interkulturelle Verhandlungsführung, Kommunikation und interkulturelles Sensitivity Training. Die InterkulturalistInnen verwerten anthropologische Konzepte, die aus der Zeit des Kolonialismus stammen und sie reagieren auf die Globalisierung mit Angeboten an den Markt, nicht aber mit Anpassung an die Theorien, die sich seither entwickelt haben. Die Antwort der Kultur- und Sozialanthropologie auf Globalisierung ist die Abkehr von Kultur als ein in sich geschlossenes System von geteilten Werten und Normen (ebenda: 9ff).

InterkulturalistInnen betrachten Globalisierung als praktisches Problem: mehr Menschen als je zuvor kommen miteinander in Kontakt, und das verursacht Probleme in der Kommunikation. Die Ursache dafür wird in der kulturellen Unterschiedlichkeit gesehen. Der marktorientierte und praxisbezogene Umgang mit kulturellen Unterschieden lässt Kultur zu einer Technik werden. Kultur wird als erlerntes Verhaltensmuster, das alle Mitglieder einer Gesellschaft teilen und an die nächste Generation weitergeben, verstanden. Das Unerwartete, Unvorhersehbare, das Fremde – „die Kultur der Anderen" – soll vorhersehbar gemacht werden, und dazu muss sie homogenisiert und vereinfacht, d.h. aus dem Kontext genommen werden. Eine wesentliche Strategie der InterkulturalistInnen ist es, Kultur der Anderen marktgerecht aufzubereiten (ebenda: 23). Das ist nicht möglich, wenn man die postmoderne Kritik der Anthropologie miteinbezieht. *„Ein Kulturkonzept, das Kontextualisierung, Details und* *dichte Beschreibung favorisiere, ...[kommt]* am Markt nicht gut an..." (Moosmüller 2000: 23). Kultur als in sich geschlossene Einheit, mit jeweils eigenen Bestandteilen, die auf Verhalten, Werte und Normen wirken, und damit Verhalten vorhersehbar machen, lässt sich vermarkten. Kulturelle Werte sind in diesem Kulturbegriff die Basis einer Kultur und sie beeinflussen Verhalten, Haltung und Wahrnehmung. Wesentlich ist die Reduzierung von Komplexität, da für Trainings und Beratungen nur ein begrenztes Zeitbudget zur Verfügung steht. Wenn innerhalb eines Nachmittags oder in einem zweitägigen Workshop „kulturelles Verstehen" vermittelt werden soll, verlangt das eine starke Vereinfachung von komplexen Zusammenhängen (vgl. Dahlen 1997: 30).

Dahlen hat Feldforschung im Feld der InterkulturalistInnen betrieben. Er hat BeraterInnen und TrainerInnen in den USA und in Schweden bei Trainings und der SIETAR (Society for Intercultural Education, Training and Research) Konferenz beobachtet und Gespräche mit ihnen geführt. Er sagt, der Fokus der InterkulturalistInnen liegt auf ihrer professionellen Identität, während er früher stärker auf der Mission, einen Beitrag zu einer besseren Welt zu leisten durch verbessertes interkulturelles Verständnis lag. Das Wissen und das persönliche Auftreten der BeraterInnen ist ihre Ware, die sich am Markt behaupten muss. Ziel ist es, einen Beitrag zu erfolgreichem internationalem Business zu leisten durch Verstehen und Respektieren von kultureller Differenz (ebenda: 67). Wenn InterkulturalistInnen sich selbst vermarkten, heben sie zwei Dinge besonders hervor: die Bedeutung von kulturellen Unterschieden in der internationalen Geschäftswelt und ihre eigene interkulturelle Kompetenz. So werden in Broschüren zB. Menschen unterschiedlicher Nationalität in einer Verhandlungssituation gezeigt oder ein Weißer in dunklem Anzug mit einem Araber in weißem Kleid. Gemeinsam mit dem begleitenden Text ergibt sich das Bild, dass kulturelle Unterschiede ein wesentlicher Aspekt im internationalen Wirtschaftsleben sind. In ihrer Selbstbeschreibung erwähnen interkulturelle BeraterInnen häufig zuerst ihre internationale und/oder interkulturelle Erfahrung und dann erst ihren professionellen Hintergrund (ebenda: 72). Oft werden Anekdoten über „interkulturelle" Missverständnisse erzählt, um die Bedeutung von kultureller Differenz in der Wahrnehmung, im Verhalten und in den Werten zu unterstreichen.

Interkulturelle Kommunikationstrainings sind in mehrerer Hinsicht anderen Kommunikationstrainings ähnlich: Mittels Inputs und Erfahrungslernen sollen die Teilnehmenden innerhalb von möglichst kurzer Zeit dafür sensibilisiert werden, dass Menschen aufgrund unterschiedlicher Werte, Normen und Erfahrungen unterschiedlich wahrnehmen und handeln. Wissenschaftliche Konzepte werden als Basis verwendet und sind Legitimation für Professionalität, aber Wissenschaftlichkeit ist nicht das Ziel. InterkulturalistInnen fügen das Element „kulturelle Differenz" hinzu und berufen sich unter anderem auf Hall, Hofstede und Trompenaars. Diese betrachten Kultur als *„an entity with properties of its own, residing within people´s minds and affecting their perceptions and behaviors"* (Dahlen 1997: 164).

Auf Geert Hofstedes Konzept der kulturellen Dimensionen soll hier näher eingegangen werden, da dieses als wissenschaftliche Grundlage für die im Projekt LAGERA verwendeten bzw. erstellten Broschüren diente. Hofstede präsentiert die von ihm entwickelte Theorie auf der Website von SIETAR in Form eines „webinars" - einer von ihm kommentierten Powerpoint Präsentation. Er wird vom Moderator als *„Godfather of the crosscultural research"* (webinar 00:15, Url 1) vorgestellt.

3.3.2 Hofstede und die kulturellen Dimensionen

Hofstede befragte zwischen 1967 und 1973 rund 88.000 MitarbeiterInnen von IBM an allen Firmenstandorten nach ihren Werten und zog daraus Schlüsse auf Nationalkulturen. Menschliche Werte und Verhaltensweisen werden durch universelle, kollektive und individuelle mentale Programmierung bestimmt. Kultur ist für ihn ein kollektives mentales Programm, Werte sind die Bausteine einer Kultur. Er unterscheidet zwischen Nationalkultur und Organisationskultur. Während die Kultur einer Organisation auf Praktiken begründet ist und zB. durch Interventionen von ManagerInnen auch verändert werden kann, ist die Nationalkultur auf Werten begründet und kann nicht verändert werden (ebenda 8:17-9:16). Kollektive Werte bilden das kulturelle Wertsystem und dieses steht in engem Zusammenhang mit ökologischen Faktoren wie Geografie, Geschichte, Ökonomie etc. Kulturelle Wertsysteme sind selbstregulierend und erlauben den Angehörigen von Gruppen ihre Identität über lange Zeit hindurch, auch bei Verlust von Unabhängigkeit und Sprache zu wahren.

Hofstede führt vier Dimensionen einer Nationalkultur ein, später entwickelt er noch zwei weitere. Die Dimension der Machtdistanz soll Abhängigkeitsbeziehungen innerhalb einer Gesellschaft beschreiben. Machtdistanz ist das Ausmaß, bis zu welchem die weniger mächtigen Mitglieder einer Gruppe erwarten und akzeptieren, dass Macht ungleich verteilt ist. Ein hoher Machtdistanzindex bedeutet eine hohe Machtdistanz. Die nächste Dimension ist Unsicherheitsvermeidung, ein hoher Unsicherheitsvermeidungsindex bedeutet, dass sich Mitglieder in einem hohen Maße durch ungewisse oder unbekannte Situationen bedroht fühlen. Individualismus versus Kollektivismus beschreibt die Prioritätensetzung innerhalb einer Gesellschaft auf den Einzelnen oder auf die Gruppe. Nach Hofstede ist das menschliche Selbstkonzept ein zentrales Element. Menschen, die in einer kollektivistischen Gesellschaft leben, sehen sich von Geburt an nicht so sehr als Einzelwesen, sondern mehr als Teil der Gruppe, die sich von anderen Gruppen unterscheidet. Die vierte Dimension ist Maskulinität mit ihrem Gegensatz Femininität. In einer maskulinen Gesellschaft sind die Geschlechterrollen ausdifferenziert. Von Männern wird Durchsetzungsvermögen erwartet, von Frauen Fürsorge. Später entwickelte Hofstede noch die Dimensionen Langzeit- bzw. Kurzzeitorientierung und Indulgence (Bedürfnisbefriedigung) versus Restraint (Einschränkung).

Hofstede reiht die vierzig untersuchten Länder entlang seiner Dimensionen und vergibt Punkte, die zeigen, wie stark zB. die Dimension Machtdistanz in Österreich im Vergleich zu den USA ausgebildet ist. Er erklärt soziale Phänomene wie Organisationsstrukturen mit der Ausprägung der Dimensionen. Hofstede bespricht in seinem Vortrag die praktischen Konsequenzen für das Management von multinationalen Organisationen unter Berücksichtigung der unterschiedlichen Kulturen. Anhand einer Grafik zeigt er, dass seine Erkenntnisse in einer steigenden Anzahl von wissenschaftlichen Publikationen zitiert werden (ebenda: 18:40-47:20). Mit dem Erfolg am Markt unterstreicht er die Relevanz seines Konzepts.

Hofstede und Trompenaars haben ihre Daten aus der Befragung von Personen aus dem Wirtschaftsbereich wie zB. Manager oder VerwaltungsmitarbeiterInnen gewonnen (vgl. Dahlen 1997: 123). Die mittels Fragebogen erhobenen Daten werden häufig in Diagrammen und Tabellen dargestellt. Informationen können auf diese Art gut aufbereitet und leicht zugänglich gemacht werden. Allerdings dekontextualisieren sie die Informationen und blenden Wandel und Unterschiede innerhalb eines Systems aus. Tabellen und Diagramme sind ein fixer Bestandteil einer Präsentation im Wirtschaftsbereich, insofern ist diese Darstellungsweise auch eine Anpassung an das Kundensystem (ebenda: 177).

Fallstudien mit fiktiven Ethnografien sind eine Strategie, interkulturelle Kommunikation anschaulich zu machen. Um die kulturellen Unterschiede in der Beziehung zwischen einem amerikanischen Unternehmen und seiner britischen Niederlassung zu beschreiben, führen die Organisationspsychologen Harris und Moran drei fiktive Personen, einen Amerikaner, einen Briten und einen Schotten ein. Briten werden im Gegensatz zu Amerikanern stehend dargestellt: nicht so eifrig wie die Amerikaner wenn es darum geht, Geld zu verdienen und zu arbeiten und nicht so wirtschaftlich. Häufig werden Informationen über andere Kulturen in Gegensätzen dargestellt (ebenda: 122). Abu-Lughod meint dazu, das Selbst im Gegensatz zum Anderen zu konstruieren bedeutet, andere Formen der Differenz zu ignorieren. Diese Selbstkonstruktion durch Opposition zum Anderen wird aus entgegengesetzter Machtposition betrieben (vgl. Abu-Lughod 1991: 138, 140).

Es gibt eine Reihe von Ratgebern, die den international Tätigen erklären, wie man sich richtig in Verhandlungssituationen oder bei informellen Treffen verhält und wie man Ertrag bringende Geschäftsbeziehungen aufbaut. Sie benutzen häufig Anekdoten um zu veranschaulichen, dass *„there exists a tangled thicket of customs, habits, protocol and behavior that can confuse and trap the most accomplished business professional"* (Dahlen 1997: 126). Manche InterkulturalistInnen lehnen diese Werke ab, da sie zu stark vereinfachen.

Bei der Produktion und Reproduktion von Wissen im interkulturellen Feld spielt auch die „imagined Community" im Sinne von Benedict Anderson eine Rolle. Unterlagen und Übungen werden innerhalb der Gemeinschaft der Interkulturalisten weitergegeben und werden so zu geteiltem Gedankengut. Aus- und Weiterbildungsveranstaltungen und Konferenzen werden zum Aufbau von Netzwerken genutzt. Es wird eine gemeinsame Professionalität hergestellt durch gemeinsames Wissen und Praktiken (ebenda:156).

Der Ethnologe Moosmüller widerspricht Dahlens Kritik an der Verwertung veralteter anthropologischer Kulturkonzepte. Er stellt die Frage, inwieweit die Konzepte der Interkulturellen Kommunikation geeignet sind, empirische Phänomene und Probleme zu erklären und zu lösen. Wenn es für die Praxis tauglich ist, kann seiner Meinung nach auch mit einem primordialen Kulturverständnis gearbeitet werden (vgl. Moosmüller 2000: 9). Auch er kritisiert die häufige Praxis der InterkulturalistInnen, Kultur isoliert vom ökonomisch-politisch-sozialen Kontext zu beschreiben und damit ungleiche Machtverhältnisse auszuklammern (ebenda: 21). Im Handlungskontext von internationalen Organisationen und multinationalen Unternehmen sei es aber sinnvoll, kulturelle Prägung und kulturelle Differenz zu beachten. MitarbeiterInnen, die im internationalen Kontext arbeiten, seien bewusst oder unbewusst der Meinung, dass Geschäftsprozesse überall gleich ablaufen. Hier sei es nötig, kulturbedingte Unterschiede im Denken und Handeln aufzudecken um eine Änderung in Einstellung und Tun zu erreichen. Ein Kulturbegriff, der Kultur als im Individuum abgelagertes Material begreift, sei für die Praxis der internationalen Zusammenarbeit hilfreich (ebenda: 26f). Mittels *„kultureller Selbsterkenntnis können kulturelle Limitierungen abgebaut und ein globaler, ungebundener Mensch geschaffen werden"* (ebenda: 28). Im Kapitel 5.4 Rolle der InterkulturalistInnen werde ich auf die Frage, ob ein solcher Kulturbegriff im Falle des Projektes LAGERA sinnvoll war, näher eingehen.

3.3.3 Managing Diversity

Mit „Diversitätsmanagement", „Managing Diversity", „Diversity Management" oder „Diversity" wird eine bestimmte Art und Weise, mit Vielfalt umzugehen, bezeichnet. Man geht davon aus, dass in Organisationen immer eine gewisse Vielfalt und Unterschiedlichkeit vorhanden ist und dass es gleichzeitig auch eine dominante Gruppe gibt, die als „homogenes Ideal" die Organisationskultur prägt (vgl. Krell 2009: 66f). Während interkulturelles Training und interkulturelle Beratung hauptsächlich darauf abzielen, Probleme zu vermeiden oder Konflikte zu lösen, die aus einer vermeintlichen oder tatsächlichen Unterschiedlichkeit entstehen, will Diversitätsmanagement die Vielfalt auch als Ressource nutzen.

> *„Diversity" bezeichnet die Verschiedenheit, Ungleichheit, Andersartigkeit und Individualität, die durch zahlreiche Unterschiede zwischen Menschen entsteht. Die Vielfalt von individuellen Fähigkeiten, Erfahrungen, Kompetenzen und Qualifikationen der Organisationsmitglieder stellt einen Faktor der „human resources" von Organisationen dar, der unternehmerische Strategien von Flexibilisierung und kontinuierlichem Lernen möglich macht* (Aretz/Hansen 2003: 9).

Vielfalt kann als „Unterschiede" aufgefasst werden, es kann aber auch auf „Unterschiede und Gemeinsamkeiten" fokussiert werden. Die Definition „Unterschiede und Gemeinsamkeiten" berücksichtigt, dass Menschen immer mehreren Gruppen gleichzeitig angehören und ist weniger anfällig für Festschreibungen aufgrund einer bestimmten Zugehörigkeit (vgl. Krell 2009: 65). Vielfalt umfasst sichtbare Merkmale wie Race, Alter und Gender und auch solche, welche sich erst im näheren Kontakt erschließen, wie Werte und Einstellungen.

Krell bezeichnet Organisationen, in denen eine dominante Gruppe maßgeblich die Werte, Normen und Regeln prägt, als monokulturell. Personen, die nicht dieser Gruppe angehören, werden als anders markiert und das ist häufig gleichbedeutend mit defizitär. Mit dieser Kategorisierung wird Ungleichbehandlung, wie schlechtere Bezahlung, weniger Aufstiegschancen oder ein minderwertiger Aufgabenbereich, legitimiert. Das ökonomische Problem dabei ist, dass die Betroffenen nicht ihre volle Leistungsfähigkeit und -willigkeit entfalten (vgl. Krell 2009: 67). Diversitätsmanagement zielt auf einen Wandel in der Organisationskultur ab und betrifft alle, nicht nur die ursprünglich als „anders" Kategorisierten. Im Idealfall fördert eine diversitätsorientierte Betriebskultur die Vielfalt und bewirkt, dass alle Mitarbeitenden strukturell und in informelle Netzwerke eingebunden sind und dass es minimale Intergruppenkonflikte gibt. Vorurteils- und diskriminierungsfreie Verfahren und Praktiken sind ein weiteres Merkmal (vgl. Krell 2009:67).

Diversitätsmanagement (DiM) ist eine Strategie, die in Unternehmen eingeführt wird, zum einen als Anpassung an Antidiskriminierungsrichtlinien und zum anderen, um Wettbewerbsvorteile zu erzielen. Es ist ein Bündel an Maßnahmen, die zum Ziel haben, die Fähigkeiten und Motivation der MitarbeiterInnen im Sinne des Unternehmenszieles bestmöglich zu nutzen und zu entfalten. Wobei es keine genaue Handlungsanleitung gibt, es geht vielmehr um einen Wandel in der Unternehmenskultur. DiM wurde in den USA als Reaktion auf die Erkenntnis, dass Frauen und Minoritäten eine wachsende Bedeutung am Arbeitsmarkt und am Konsumgüter- und Finanzmarkt erlangen, entwickelt. Als Antwort auf eine veränderte Realität, nicht als Wahlmöglichkeit im unternehmerischen Handeln, begannen Unternehmen ihre Beziehungen zu unterschiedlichen sozialen Gruppen zu verändern (vgl. Aretz/Hansen 2003: 11). Nach Aretz und Hansen ist der ökonomische Nutzen von Diversitätsmanagement empirisch zwar noch nicht nachgewiesen, der zu erwartende Nutzen von DiM ist eine bessere Identifikation der Mitarbeitenden mit ihrem Unternehmen, gesteigerte Motivation und eine bessere Anpassung an die KundInnenstruktur. Es wird auch davon ausgegangen, dass heterogene Gruppen flexiblere und innovativere Entscheidungen treffen (ebenda: 31).

DiM ist eine Managementstrategie, die unterschiedliche Formen der Differenz anerkennt und auch auf das Wahrnehmen der Gemeinsamkeiten zielt. InterkulturalistInnen legen den Fokus auf kulturelle Unterschiede und heben deren Bedeutung für die internationale Zusammenarbeit hervor. Differenz ist ihr Kapital, sie bieten ein stark vereinfachendes Kulturkonzept als Lösung an.

4 LAGERA - MitarbeiterInnenaustausch

In diesem Kapitel wird das Modul MitarbeiterInnenaustausch, das im Rahmen des Projekts LAGERA durchgeführt wurde, beschrieben. Der Prozess des Entstehens und der Durchführung sowie drei ausgewählte Ereignisse werden unter dem Aspekt der „Differenz" beleuchtet. Es geht um die Fragen „wie kommt Kultur ins Spiel", „wie wird Unterschiedlichkeit wahrgenommen und beschrieben" und „wozu wird sie genutzt".

Um aufzuzeigen wie das Projekt strukturell eingebettet war, wird zuerst auf das Gesamtprojekt LAGERA, das aus vier Modulen bestand, eingegangen. Um die inhaltliche Verortung und Beeinflussung auf zu zeigen, werden am Ende dieses Kapitels die interkulturellen Broschüren vorgestellt.

4.1 LAGERA – das Projekt

Das Akronym LAGERA steht für „Labor für die gemeinsame Entwicklung des regionalen Arbeitsmarktes". Der räumliche Wirkungsbereich des Projekts war das Industrieviertel und Westungarn, Projektträger war der Regionale Entwicklungsverband Industrieviertel. Das ist ein gemeinnütziger Verein von Gemeinden und Kleinregionen des Industrieviertels, der 1995 gegründet wurde, mit dem Ziel, die EU- Regionalpolitik in der Region umzusetzen. Die Vorstandmitglieder des Vereins kommen aus Politik und Interessensvertretungen (Url 2). LAGERA wurde von der EU, der niederösterreichischen Landesregierung und dem Bundesministerium für Wirtschaft und Arbeit finanziert. In der ersten Konzeptphase planten wir nur das Projekt MitarbeiterInnenaustausch, später kamen aus fördertechnischen Gründen und regionalpolitischen Überlegungen drei weitere Module dazu. Modul 1 „Rechtssicherheit" hatte zum Ziel, alle relevanten arbeits-, sozial- und steuerrechtlichen Informationen für ÖsterreicherInnen in Ungarn zu sammeln und aufzubereiten. Die gleichen Informationen für UngarInnen, die in Österreich arbeiten bzw. arbeiten wollen, waren bereits vorher vom Interregionalen Gewerkschaftsrat erhoben worden und sollten auch bereit gestellt werden. Modul 2 „Ausbildungssituation" erhob den Qualifizierungsbedarf der ArbeitnehmerInnen von KMU´s, um Schwerpunkte für die Weiterbildung zu erarbeiten. Ein Ziel war, die Aus- und Weiterbildungssysteme beiderseits der Grenze vergleichbar zu machen und einen Know-How Transfer über das niederösterreichische Modell des Qualifizierungsverbundes zu initiieren. Modul 3 beschäftigte sich mit der Erhebung der Beschäftigungsstruktur, mit dem Ziel Angebot und Nachfrage an Arbeitskräften in der Region zu koordinieren.

Ein wichtiger Aspekt in der inhaltlichen Planung waren die Förderkriterien des Interreg IIIA Fonds.
Interreg IIIA
Die EU Förderung kam aus dem Interreg IIIA Fonds. Interreg wurde bereits in der Strukturfondsperiode 1989-1993 mit dem Ziel eingerichtet, Kooperationen über nationale Grenzen hinweg zu stärken. Mit Interreg IIIA Mitteln werden Programme zur grenzübergreifenden Zusammenarbeit zwischen benachbarten Regionen gefördert (Url 3). Im Programmplanungsdokument wird als eine der wichtigsten Herausforderungen für die Periode von 2000-2006 die Vorbereitung und Nutzung des EU Beitritts von Ungarn genannt. Das Ziel ist eine wirtschaftlich, sozial und mental integrierte Grenzregion (Programmplanungsdokument[4], Url 4).

In dem 167seitigen Programmplanungsdokument kommt das Wort „interkulturell" nicht vor. Es wird darauf hingewiesen, dass die Grenzregion Westungarn (Komitate Vas, Zala,Györ-Moson-Sopron) und Ostösterreich (Burgenland, Teile von Niederösterreich, Wien) eine Reihe von Gemeinsamkeiten im Sozialen, in der Geschichte und im Naturraum haben, und dass die Region *„eine einzigartige, zusammenhängende Übergangsregion zwischen zwei Staaten und deren Kulturen bildet"* (Programmplanungsdokument: 14).

4.2 Grenzüberschreitender MitarbeiterInnenaustausch

Mit einem befreundeten Raumplaner entwickelte ich 2003/2004 anlässlich der bevorstehenden EU Erweiterung die Projektidee „Grenzüberschreitender MitarbeiterInnenaustausch". Kurz vor dem EU Beitritt von Ungarn, der Slowakei und Tschechien war die öffentliche Diskussion im Grenzgebiet von Unsicherheit und Ängsten um Arbeitsplätze, um die Versorgung und um den Erhalt von Unternehmen und Betrie-

---

[4] ÖSTERREICH – UNGARN, INTERREG IIIA – PHARE CBC, Gemeinsames Programmplanungsdokument 2000-2006

ben geprägt. Wir wollten einen Austausch initiieren, bei dem ArbeitnehmerInnen in einem vergleichbaren Unternehmen im Nachbarland mitarbeiten. Ein dreiwöchiger MitarbeiterInnenaustausch mit Vor- und Nachbereitung und begleitender Sprachschulung sollte MitarbeiterInnen aus Westungarn und dem Industrieviertel Einblick in Unterschiede und Gemeinsamkeiten in der Arbeitsweise geben und ihren Unternehmen Kooperationsmöglichkeiten eröffnen. Geplant war ein drei Mal einwöchiger Austausch mit ähnlichen Unternehmen im jeweils anderen Land. Zwischen den Austauschwochen waren Workshops geplant, um Erfahrungen hinsichtlich Arbeitsorganisation, Betriebsstruktur, Marktverhältnisse etc. auszutauschen. Das Wort „Kultur" im Sinne von Nationalkultur kam im ursprünglichen Konzept nicht vor. Wir gingen von Unterschieden in der Unternehmenskultur aus und davon, dass Unterschiede gewinnbringend genutzt werden können. Es war uns wichtig, dass der Erfahrungsaustausch aus gleichrangiger Sicht stattfindet und wir gingen davon aus, dass beide Seiten voneinander lernen können.

Projektantrag

Die Antragstellung für Interreg IIIA und die Finanzierung wurden durch die Kooperation mit dem Regionalen Entwicklungsverband Industrieviertel gewährleistet. Inhaltlich wurde die Projektidee eingebettet als Modul „MitarbeiterInnenaustausch" in drei weitere Module. Die anfangs partnerschaftliche Zusammenarbeit entwickelte sich sehr rasch zu einem hierarchischen Verhältnis. Meine Rolle veränderte sich, ich wurde zur Auftragnehmerin und hatte kaum mehr Einfluss auf die inhaltliche Gestaltung des Projekts. Die wesentlichen Kriterien für die weitere Projektentwicklung waren der Nutzen für die KMUs der Region Industrieviertel und die Einpassung an Förderkriterien für Interreg IIIA Projekte.

Die Projektbeschreibung zum Zeitpunkt der Antragstellung lautete:

Die Entwicklung eines gemeinsamen Arbeitsmarktes in der Grenzregion Ungarn- Österreich soll gefördert werden. Projektziel ist es, einen Beitrag zu leisten zum Abbau mentaler Barrieren, durch das Erfahren von soziokulturellen Gemeinsamkeiten und Unterschieden sowie durch verstärkte Kooperation von Unternehmen und Institutionen der Arbeitsmarktpolitik.

Betont wurde zu diesem Zeitpunkt der Wissensaustausch aus gleichrangiger Sicht. Zu Beginn der Umsetzung kommt eine ungarischsprachige Kollegin ins Team, sie ist Juristin und Unternehmensberaterin. Klara ist gebürtige Ungarin und lebt und arbeitet seit zehn Jahren in Österreich.

Austausch aus gleichrangiger Sicht
Zwischen September 2005 und Dezember 2006 wurden Personalverantwortliche und GeschäftsführerInnen von Industrieviertler Klein- und Mittelbetrieben telefonisch und persönlich kontaktiert. Es stellte sich heraus, dass es wenig Interesse seitens der österreichischen Unternehmen an einem Austausch aus gleichrangiger Sicht gibt. Die Richtlinie „*wechselseitiger Austausch soll erwünscht und sinnvoll sein*" wurde in Folge aus dem Informationspapier gestrichen.

In der Projektbeschreibung, die an interessierte KMUs ging, ist von Wissens- und Erfahrungsaustausch aus gleichrangiger Sicht keine Rede mehr:

> *Modul 4 ein „Labor" beinhaltet den Versuch eines grenzüberschreitenden MitarbeiterInnenaustausches, der einerseits den KMU die Gelegenheit geben soll, den Einsatz eines Ungarn/einer Ungarin im eigenen Betrieb zu testen, durch Sprachschulungen und interkulturelle Schulungen die Kompetenzen der eigenen MitarbeiterInnen zu erhöhen und andererseits den österreichischen ArbeitnehmerInnen die Gelegenheit geben soll, den ungarischen Arbeitsmarkt als Betätigungsfeld zu erproben.*

Die UngarInnen können getestet werden auf ihre Verwertbarkeit in österreichischen Unternehmen, der ungarische Arbeitsmarkt kann getestet werden auf seine Verwertbarkeit durch österreichische ArbeitnehmerInnen.

Neu in die Projektbeschreibung aufgenommen wurde das Ziel „Verstärkung des interkulturellen Austauschs". Kultur kommt ins Spiel und Austausch aus gleichrangiger Sicht verlässt die Bühne.

Es fanden Infoveranstaltungen im Wifi Mödling und Neunkirchen sowie in der Industrie- und Handelskammer in Szombathely statt, in denen das Projekt vorgestellt und diskutiert wurde. Beim anschließenden Buffet gab es die Möglichkeit für informelle Gespräche. In Neunkirchen verließ ein Unternehmer wütend den Vortrag, er fand die Idee des „auf gleicher Ebene voneinander Lernens" absurd. Einige andere Unternehmer, die noch keine wirtschaftlichen Kontakte mit Ungarn hatten, zeigten sich enttäuscht von unserem Angebot. Sie wollten Informationen über günstige Einkaufsquellen, Hilfestellung bei der Vermittlung von Fachkräften und Ausnahmeregelungen bei der Erteilung von Beschäftigungsbewilligungen für Hilfskräfte.

Zwei Wochen nach den Informationsveranstaltungen im WIFI wurden alle interessierten Firmen telefonisch kontaktiert. Von den in Neunkirchen und Mödling anwesenden ca. 50 UnternehmensvertreterInnen interessierten sich sieben für eine Teilnahme an Modul 4 MitarbeiterInnenaustausch. Ein Elektrounternehmen sagte wegen des bürokratischen Aufwands ab - sein Mitarbeiter hätte nach Ungarn zur ärztlichen Untersuchung fahren müssen. In einem Softwareunternehmen gestaltete sich der Kontakt und die Planung des Austauschs mit dem ungarischen Partnerbetrieb so langwierig und reich an Missverständnissen, dass die Vertreterin des ungarischen Betriebs die Teilnahme am Austausch schließlich absagte. Weitere Gründe für Absagen waren, dass man erkannte, dass das eigentliche Interesse, nämlich Arbeitskräfte aus Ungarn unter Umgehung des Ausländerbeschäftigungsgesetzes zu bekommen, im Rahmen des Projektes nicht erreicht werden konnte. Vier ungarischen Unternehmen, die am Austausch interessiert waren, musste abgesagt werden, da deren Mitarbeiter keine Deutsch- oder Englischkenntnisse hatten.

Die teilnehmenden Firmen
Jene zwei österreichischen Unternehmen - H. und T., die am Austausch teilnahmen, hatten bereits Kooperationen mit einem ungarischen Betrieb und führten den Austausch mit diesem durch. Das bedeutete, dass das Projektziel „neue Kooperationen" nicht erreicht wurde. Die beiden ungarischen Partnerbetriebe waren im Fall von H. die Tochterfirma G. in Nagykanisza (Komitat Zala) und im Fall von T. die Auftragsnäherei R. in Köszeg (Komitat Vas). Für die Teilnahme am Projekt haben sich die Geschäftsführer der österreichischen Unternehmen entschieden, die ungarischen Betriebe und ihre MitarbeiterInnen wurden zum Teil nur schlecht informiert.

Der Geschäftsführer von H., einem Unternehmen im Bereich Wärme- und Umwelttechnik gab als Grund für die Teilnahme an, dass er in seinem Betrieb Schwierigkeiten in der Zusammenarbeit mit dem Tochterunternehmen in Ungarn habe. Er erwartete sich, dass „durch besseres kulturelles Verständnis und Verstehen des Anderen *die Zusammenarbeit verbessert wird*"[5]. Der Personalverantwortliche von T., einem Betrieb im Textilbereich, gab Interesse an der interkulturellen Zusammenarbeit als Grund für die Teilnahme seines Unternehmens an. Er wollte vor allem, dass ungarische Mitarbeiterinnen in das österreichische Werk kommen. Er persönlich hielt es zwar für möglich, dass sein Unternehmen auch vom ungarischen Betrieb etwas lernen könnte, dies sei aber nicht erwünscht, da *„im österreichischen Werk die Abläufe vorgegeben werden*[6]".

Der Austauschpartner von H., G. bzw. das Vorgängerunternehmen KÖGAZ ist seit mehr als 30 Jahren im Gasanlagenbau tätig. KÖGAZ wurde 1995 privatisiert, Anteile wurden von Bayernwerk AG (Deutschland) und EVN AG (Österreich) übernommen. 1997 wurde der Geschäftsbereich Geräteherstellung ausgegliedert und in G. umbenannt. Es erfolgte die Übernahme der Mehrheitsanteile durch H. und die Eingliederung in die H.group. 2005 wurde die Produktion im Werk Nagykanizsa erweitert. Das Unternehmen ist spezialisiert auf Geräte und Anlagen in der Gasversorgung. G. hat seit 1995 die Privatisierung, zwei Eigentümerwechsel und eine Produktionserweiterung erlebt (Url 5). Häufig bewirken betriebliche Umstrukturierungen und Veränderungen Verunsicherung bei den MitarbeiterInnen.

H. ist ein österreichisches Unternehmen und besteht seit 1984. Die Unternehmensgruppe beschäftigt sich mit der Konstruktion, Fertigung, Lieferung und Inbetriebsetzung von Komponenten und schlüsselfertigen Industrieanlagen in den Bereichen Gas-, Verfahrens-, Wärme- und Umwelttechnik. Die H.group besteht aus Produktions- und Vertriebsstätten in Österreich, Ungarn, Rumänien, Bulgarien und Deutschland (Url 6). Die H.-Holding ist das Mutterunternehmen mit Sitz in Biedermannsdorf und wird vom Gründer und Eigentümer, Herrn M geleitet. G. ist eine von mehreren Töchterfirmen.

T. Österreich stellt seit 1959 Lingerie und Bademoden her und ist Teil eines internationalen Konzerns. Die österreichische Zentrale ist in Wiener Neustadt, produziert wird

---

[5] Telefonat Oktober 2005
[6] Interview 2006

im burgenländischen Oberpullendorf (ung. *Felsőpulya*), 14 km von der ungarischen Grenze, 19 km von Köszeg, entfernt.

Im Werk in R. wird seit 40 Jahren in Lohnfertigung für T. produziert. Das Werk liegt in Köszeg.

Jene Unternehmen, die im Vorfeld Interesse bekundet und dann aber doch nicht teilgenommen haben, hatten alle bisher keine Kooperationen mit Ungarn. Übrig blieben jene Unternehmen, die bereits Partnerschaften in Form von Tochterfirma oder Auftragsproduktion hatten.

Da die Pressekonferenz mit der Landesrätin zur Präsentation der Ergebnisse bereits angekündigt war, konnten wir das Projekt nicht mehr abbrechen, obwohl die Mindestkriterien in Bezug auf Anzahl der teilnehmenden Firmen und der Anspruch „gegenseitiger Austausch" nicht erfüllt wurden.

Der erwartete Nutzen hatte sich verändert: im Fokus standen nun die österreichischen Unternehmen und ihre MitarbeiterInnen.

4.3 Ausgewählte Ereignisse

Im Folgenden werden drei Ereignisse näher beschrieben, die Haltungen und Praxis von MitarbeiterInnen in der grenzüberschreitenden Zusammenarbeit aufzeigen. Als erstes Ereignis wurde eine nonverbale Kooperationsübung gewählt. Als Projekteinstieg für die teilnehmenden MitarbeiterInnen gab es einen eintägigen Workshop, der als „interkultureller Workshop" angekündigt war. Das zweite Ereignis war ein Gruppengespräch mit drei österreichischen Mitarbeitern von H., in dem über die Erfahrungen mit der Zusammenarbeit mit den ungarischen Kollegen gesprochen wurde. Als drittes Beispiel wird ein Gespräch, das nach dem offiziellen Gespräch stattfand, beschrieben. Es erschien vor allem wegen der Diskrepanz zwischen offiziell und inoffiziell Gesagtem interessant.

4.3.1 Übung im Workshop

Zu dem Workshop „Nachbarn arbeiten zusammen"[7] waren alle Personen eingeladen, die später am Austausch teilnehmen sollten. Die Veranstaltung fand in der Nähe von Wiener Neustadt in einem zu einem Tagungszentrum umfunktionierten Schloss statt. Es nahmen neun Personen teil, davon waren vier Personen aus Ungarn, fünf aus Österreich. Klara und ich waren die Trainerinnen, das Seminar fand zweisprachig statt.

Teilnehmende[8]: Hermann, Christian, Reinhard von H./Österreich
Renate, Helga von T./Österreich
Ildikó von P./Ungarn
István, András, Attila von G./Ungarn

Szende, die Mitarbeiterin von R., war nicht anwesend. Vom Personalchef von T. wird mitgeteilt, sie sei beruflich verhindert.

Übung Kooperation

Gegen Ende des Workshops boten wir eine Übung an, die den TeilnehmerInnen die Möglichkeit geben sollte, sich mit dem Thema Zusammenarbeit und ihren Kompetenzen praktisch auseinander zu setzen.

Die Gruppe sollte mit geschlossenen Augen ein gleichschenkeliges Dreieck bilden. Die Anweisung war, dass die Aufgabe als Gruppe gelöst werden soll und dann fertig ist, wenn alle der Lösung zustimmen. Zu Beginn bildeten die Teilnehmenden einen Kreis, alle hielten sich an einem Seil fest. Die Augen blieben während der gesamten Übung verbunden, es durfte gesprochen werden. Wir wiesen darauf hin, dass eine Dolmetscherin zur Verfügung steht und bei Bedarf angefordert werden kann.

Als Arbeitssprache wurde ohne Diskussion Deutsch gewählt. Die drei Mitarbeiter von H. besprachen die Strategie, die beiden österreichischen Frauen assistierten. Die drei Männer gingen strukturiert vor. Sie definierten die Aufgabe und einigten sich rasch auf eine Vorgangsweise. Sie gingen zielorientiert vor und kamen schnell zu einem Ergebnis. Ildikó die junge ungarische Marketingleiterin eines Softwareunter-

---

[7] April 2006
[8] die Namen aller am Projekt teilnehmenden Personen wurden geändert

nehmens wurde teilweise miteinbezogen, indem man sie ansprach, wohin sie sich bewegen soll. Renate und Helga, die österreichischen Mitarbeiterinnen des Textilbetriebs arbeiteten bereitwillig mit, indem sie die Vorgaben ihrer männlichen Kollegen erfüllten. Sie machten Scherze, es wurde im Dialekt gesprochen. Am Schluss besprachen sich Hermann, Reinhard und Christian, ob die Aufgabe korrekt erfüllt ist. Nachdem sie ihre Entscheidung getroffen hatten, fragten sie die anderen, ob sie einverstanden sind. Die drei Frauen bejahten, die drei Mitarbeiter von G. gaben keine Antwort.

In der Reflexion stimmte die Gruppe überein, die Aufgabe sei gut gelöst worden. Die Lösung wurde schnell gefunden, unter dem Fokus Zielorientierung wurde sie gut gelöst. Es fiel zuerst nicht auf, dass die ungarischen TeilnehmerInnen nicht einbezogen wurden. Auf meine Frage, ob sich alle an der Lösungsfindung beteiligt fühlen, antwortete István: *„Ich habe mich ein bisschen geärgert, so herumgeschubst zu werden"*. István, Attila und András stellten fest, sie konnten nicht an der Lösung mitarbeiten, sie wurden herumgezogen und geschubst. Während der ganzen Übung wurde nie um Übersetzung ersucht, es gab keine sichtbare Initiative der ungarischen Teilnehmer, sich gegen den Ausschluss zu wehren. Man hat sich nicht vergewissert, ob alle Anwesenden genau wissen wie ein gleichschenkeliges Dreieck aussieht, bzw. ob die Personen mit nichtdeutscher Muttersprache das Vokabel „gleichschenkelig" kennen. Die Initiative der österreichischen TeilnehmerInnen, die ungarische Kollegin mit einzubeziehen, beschränkte sich darauf, an sie persönlich gerichtete Anweisungen in Hochdeutsch zu geben. An die drei ungarischen Männer wurden keine Anweisungen gegeben.

In der Reflexion wurden Analogien zu realen Arbeitssituationen festgestellt. István meinte, sie würden oft unzureichende Informationen bekommen und Aufträge einfach abwickeln ohne alles zu verstehen. Hermann forderte, dass sie nachfragen, und meinte, dass sie Eigenverantwortung übernehmen und Eigeninitiative entwickeln müssten.

Der Workshop
Bereits im Vorfeld wurde sichtbar, dass die Mitarbeiter von G. zum Workshop geschickt wurden, ohne Informationen über das Projekt zu erhalten. Sie hatten eine

deutschsprachige Einladung aus der Zentrale von H. bekommen und die Information, „dass sie dort hinfahren sollen". Sie haben vom Inhalt und Zweck des Workshops durch einen Anruf von meiner Kollegin erfahren und nicht durch ihre eigene Firma. Die drei ungarischen Techniker von G. kamen fast eine Stunde zu spät. Sie begründeten ihre Verspätung damit, dass die Straßen schlecht seien und sie die Autobahn nicht benutzten konnten, da man ihnen nicht gesagt habe, ob die Firma die Kosten für die Vignette übernimmt. Ihre Anreise dauerte fast vier Stunden, nach dem Workshop fuhren sie wieder vier Stunden nach Hause.

Die Mitarbeiter von H. waren verärgert über die Wartezeit und vor allem Hermann nützte diese, um seinen Ärger über *„die Unpünktlichkeit der Ungarn"* loszuwerden.

Die ungarischen und die österreichischen Teilnehmenden tauschten sich untereinander nur sehr zögerlich aus. Die Mitarbeiter von G. und von H. vermieden in den Arbeitszeiten und in den Pausen sichtbar den Kontakt. Zwei der ungarischen TeilnehmerInnen sprachen deutsch und zwei Teilnehmer englisch, Renate hatte Grundkenntnisse in Ungarisch, verwendete diese aber an diesem Tag nicht.

Schon bei der Frage nach den Erwartungen an den Workshop äußerte Hermann L implizit Kritik an seinen ungarischen Kollegen. Er sagte, er wolle die Einstellung der Ungarn zur Wertigkeit der Arbeit verstehen, ihr stolzes Nationalverhalten, und ihren – im Vergleich zu den Österreichern - anderen Umgang mit Zielorientierung und Eigenverantwortung. Die ungarischen TeilnehmerInnen wünschten sich, dass sie die österreichische Kultur besser kennen lernen und erfahren, was die Österreicher über die Ungarn denken. Hier wurde der Begriff Kultur verwendet, um Kritik an den Anderen loszuwerden ohne sie aussprechen zu müssen.

Bei der Frage nach den eigenen Werten im Berufsleben gab es, - entgegen der Vorannahmen einiger TeilnehmerInnen - große Übereinstimmungen. Als wichtig wurde selbständiges Denken, Spaß an der Arbeit, Zusammenhalt und gutes Arbeitsklima genannt. Während der Fokus bei den ungarischen TeilnehmerInnen etwas stärker auf Familie lag, nannten die österreichischen Pünktlichkeit, Verlässlichkeit und Disziplin als wesentlich.

Wenn bei Gruppenarbeiten verlangt wurde, dass ÖsterreicherInnen und UngarInnen zusammenarbeiten, wurde diese Anweisung wiederholt ignoriert. Beim Mittagessen verteilten sich die Teilnehmenden auf zwei Tische, die Mitarbeiter von H. und G. schienen darauf zu achten, nicht gemeinsam am Tisch zu sitzen.

Nach dem Workshop wurden individuell Austauschtermine vereinbart. Die MitarbeiterInnen der österreichischen und der ungarischen Unternehmen arbeiteten bis zu einer Woche im Unternehmen im jeweils anderen Land. Ungefähr acht Monate nach dem Workshop führten wir Gespräche mit allen TeilnehmerInnen, in denen die Erfahrungen ausgewertet wurden.

4.3.2 Auswertungsgespräch

Ursprünglich war ein gemeinsames Gespräch aller Projektteilnehmer von H. und G. vorgesehen, in dem die Erfahrungen aus dem Austausch ausgewertet werden sollten. Alle teilnehmenden MitarbeiterInnen hatten vor dem Austausch einen Leitfaden erhalten, der sie anregen sollte, auf Unterschiede und Gemeinsamkeiten von Arbeitsabläufen, Firmenstrukturen, Teamarbeit etc. zu achten. Da aufgrund der Erfahrung aus dem Workshop die Annahme bestand, dass die Mitarbeiter des österreichischen und des ungarischen Unternehmens nicht offen miteinander reden würden, führten wir die Gespräche nach Firma getrennt durch. Klara, meine Kollegin führte das Interview mit den Mitarbeitern von G. auf Ungarisch. Vor den Gruppengesprächen fand ein kurzes informelles Gespräch mit dem Eigentümer und Geschäftsführer Herrn M statt, in dem dieser sich stark über die Schwierigkeiten in der Zusammenarbeit mit G. beklagte. Aus seiner Sicht sind Mentalitätsunterschiede daran schuld, dass Liefertermine nicht eingehalten werden und die Produktivität zu wünschen übrig lässt. Er beklagte sich über *„mangelnde Motivation"* – zB. würden einzelne Mitarbeiter Online-Tageszeitungen ausdrucken, um sie dann in der Arbeitszeit zu lesen. Er wünschte sich Schulungen im *„interkulturellen Bereich, damit ein Verstehen besser möglich wird"*.

Beide Gruppengespräche[9] fanden zeitgleich im österreichischen Werk statt, anschließend gab es ein gemeinsames Gespräch, an dem auch Herr H teilnahm. Die Gespräche dauerten insgesamt drei Stunden.

---

[9] Interviews im Dezember 2006

Ziel des Gesprächs war es, Unterschiede und Gemeinsamkeiten in Arbeitsabläufen und Schwierigkeiten und Ressourcen in der Zusammenarbeit herauszufinden. Es wurden nur in Ausnahmefällen Gemeinsamkeiten und Ressourcen angesprochen. Das Gespräch wurde von mir als Leitfadeninterview geführt. Jene drei Mitarbeiter von H., die am Workshop teilgenommen hatten, waren anwesend: Reinhard, der Verkaufsleiter, Christian, ein Konstruktionstechniker und Hermann, der Leiter des Einkaufs und Assistent der Geschäftsführung ist. Die drei verfügten über unterschiedlich lange Erfahrung in der Zusammenarbeit mit ungarischen Kollegen. Reinhard war zwei mal zwei Tage bei G., einmal zu einem Tennisturnier mit den ungarischen Kollegen und einmal bei einer Produkteinschulung. Christian war wiederholt tageweise bei G., um Projekte zu betreuen und zu überwachen, er beschrieb die Zusammenarbeit als *„an und für sich problemlos"*. Hermann war *„permanent"* bei G., er beschrieb die Zusammenarbeit als schwierig und erklärte das mit der unterschiedlichen Mentalität.

Gesprächsverlauf

Hermann wurde im Laufe des Gesprächs immer dominanter. Er war der in der Firmenhierarchie von H. am höchsten Stehende und der Dienstälteste. Hermann sprach am meisten, Reinhard verstummt fast gänzlich und Christian, der anfangs noch angab, dass er in der Zusammenarbeit keine Probleme erlebt habe, stimmte Hermann häufig zu und kritisierte die ungarischen Kollegen. Ich als Interviewerin musste beim Abhören der Aufnahmen feststellen, dass ich manchmal ein zustimmendes *„hm"* gemacht habe, wo ich inhaltlich wirklich nicht zustimme. Hermann wurde im Laufe des Gesprächs immer derber in seinen Aussagen. Reinhard widersprach ihm einmal, Hermann machte aber aufgrund seines regelmäßigen Kontakts mit dem ungarischen Werk das Argument *„ich erlebe das tagtäglich, so ist es"* geltend. Hermann drückte seinen Ärger und seine Frustration mit den Worten *„sind echt zu blöd", „rennt stolz wie ein Schwan herum", „diese Hundlinge"* aus.

Im Gespräch wurde von allen drei Interviewpartnern eine klare Trennung in „wir" und „sie" gemacht. „Sie" werden mit „die da unten", „unten", „er", „der Ungar" bezeichnet. Es war durchgehend von Männern die Rede, mit Ausnahme der Frage nach den geschlechtsspezifischen Unterschieden. „Oben" und „unten" wurde für Österreich und Ungarn verwendet und wenn man über die Kluft zwischen Führungsebene und MitarbeiterInnen sprach.

Unterschiede wurden wahrgenommen und beschrieben in den Bereichen eigenständiges Entscheiden und Arbeiten, Sprache, Umgang mit Zeit und Qualifikation. Über Gemeinsamkeiten wurde trotz explizitem Nachfragen durch die Interviewerin nicht gesprochen.

Darstellung der „eigenen" und der „anderen" Arbeitsweise
Eigenständiges Entscheiden und Arbeiten wurde als zentrales Thema beschrieben. *„...Mentalität ist zwischen den zwei Ländern komplett verschieden, es ist einfach so - der österreichische Arbeitnehmer hat ein Ziel und versucht es zu erreichen, und der ungarische bekommt ein Ziel vorgeschrieben und das muss er nicht unbedingt erreichen. Das heißt, der schwimmt irgendwie auf einer Linie. Es ist keine Eigenmotivation da, keine Zielsetzung da, es ist eine gewisse Planwirtschaft, nicht wo man sagt ich will Erfolg haben."* Hermann unterscheidet zwischen „ein Ziel haben" und „ein Ziel vorgeschrieben bekommen". Das unterschiedliche Engagement für das Firmenziel ist für ihn eine Frage der unterschiedlichen Mentalität und nicht des unterschiedlichen Führungsstils in den beiden Organisationen. Aufgrund der Mentalität wollen Ungarn *„nicht unbedingt was erreichen was zu einem Erfolg führt. Der möchte seine Arbeit machen und seine Ruhe haben und damit ist der Fall erledigt."* Hermann drückt wiederholt seinen Unmut darüber aus, dass Vereinbarungen nur eingehalten werden, wenn man straff kontrolliert. Er sagt, er glaube nicht an die Möglichkeit einer funktionierenden Zusammenarbeit, weil die Ungarn *„einfach anders denken als wir"*. Christian und Reinhard stimmen seiner Beschreibung zu:
Im ungarischen Werk bekommen die Mitarbeiter klare Anweisungen und arbeiten diese Punkt für Punkt ab. Wenn sie nicht streng kontrolliert werden, halten sie Termine nicht ein. Sie können keine Eigeninitiative entwickeln und haben kein Selbstbewusstsein, eigene Entscheidungen zu treffen.

Reinhard differenziert zwischen Führungsebene und Mitarbeiter. *„Es ist schon eine arge Kluft zwischen oben und unten, also zwischen Führungsebene und unten fangt das schon an bei Konstrukteuren, so wie Christian gesagt hat, die sind eigentlich ziemlich motivationslos, ah – kein Selbstbewusstsein".* Christian stimmt Hermann in seiner Beschreibung der Unterschiede zu, *„80% schlagt in diese Denkweise rein,"* merkt aber an, dass es Ausnahmen gibt.

Sich selbst und „die Österreicher" beschreiben die Interviewten als im Gegensatz zu den Ungarn stehend. *„Bei H. ist es komplett anders, bei der H. kriegt der Techniker oder ein Mann seine Aufgabe und setzt sie eigenständig um"*. Man hat ein Ziel, das man erreichen will und man möchte vorankommen. Eigeninitiative ist möglich und erwünscht, bürokratische Hürden dürfen auch übersprungen werden. Verantwortungsbereiche sind definiert, die Mitarbeiter haben innerhalb ihres Bereichs Freiheit und Eigenverantwortung.

Machtunterschiede
Es wird wiederholt betont, dass Anweisungen von Österreichern an Ungarn klar und eindeutig gegeben werden. Anweisungen von Ungarn an andere Ungarn werden als freundschaftlich und weich beschrieben, die Folge sei aber häufig, dass die Anweisungen nur sehr ungenau befolgt werden. Anweisungen eines Ungarn an einen österreichischen Kollegen gäbe es kaum, diese würden in Form einer Bitte vorgetragen. *„Ich kenn keinen in dem Unternehmen G. der [....] fähig ist, eine Anweisung zu geben, a weil er sich nicht traut, zweitens weil er das Gefühl hat, vielleicht stellt er sie falsch* [die Anweisung, Anm. der Verfasserin] *wegen seiner Sprachkenntnis dann geht's in die Hose und drittens sind die Österreicher unsere Chefs. Wie soll ich einem Österreicher eine Anweisung geben?"*, sagt Hermann und auch seine Kollegen stellen die Überlegenheit der Österreicher nicht in Frage.

Machtunterschiede werden auch in der Art und Weise, wie Anweisungen gegeben werden, sichtbar: Hermann gibt Anweisungen wie *„bis 10 Uhr ist das fertig, marsch gemma"* und betrachtet das als die einzig sinnvolle Strategie für eine termingerechte Produktion.

Die Ausdrucksweise von Hermann deutet auf eine paternalistische Haltung hin. *„um ihnen mehr Freizeit zu geben"* setzt er sich für eine Änderung der Arbeitszeit ein. Er lässt über die neue Regelung abstimmen und wird überstimmt, da man seinen Argumenten weniger Glauben schenkt als jenen des ungarischen Produktionsleiters. Als er sich beim (österreichischen) Eigentümer beklagt, sagt dieser *„Hermann, wenn Sie demokratische Entscheidungen treffen wollen, werden Sie versagen. Wenn Sie* *nicht diktatorisch sind bzw. das dort umsetzen mit einem klaren Befehl werden Sie es nie schaffen"*. Die fehlende demokratische Entwicklung in Ungarn wird zwar kritisiert, aber die Geschäftsführung selbst vertraut demokratischen Entscheidungen auch nicht.

Als es um die Unterschiede im Gehaltsniveau bei H. und G. geht, sagt Hermann „*dann hab ich die anderen am Schoss sitzen*". Er befürchtet, wenn er einem kleinen Teil seiner Mitarbeiter eine Lohnerhöhung auf Grund guter Leistung gewährt, dass andere das Gleiche verlangen. „*sie wollen nicht wie kleine Kinder behandelt werden*", „*...werden pampert, wenn du ihnen beweist, dass sie was falsch gemacht haben*". Hermann spricht von den MitarbeiterInnen zwar wie von „Unmündigen", aber er wünscht sich, dass auf seine Kritik positiv reagiert wird und fordert von den ungarischen Kollegen, dass er als gleichwertiger Partner anerkannt und akzeptiert wird.

Reinhard ist sich bewusst, dass Mitarbeiter von H. zu G. kommen, um etwas zu überwachen oder einen Fehler zu bemängeln. Trotzdem wünscht er sich, dass die ungarischen Kollegen mehr Selbstbewusstsein in der Zusammenarbeit haben.

H. hat G. gekauft, ein bewusster Prozess um beide Unternehmen zusammenzuführen, hat nie stattgefunden. „Ich bin immer noch der Überzeugung, dass es denen total unangenehm ist, dass wir sie gekauft haben, und dass wir jetzt quasi die Handhabe in irgendeiner Weise haben. Sie wollen ein freier Betrieb sein und sind es aber nicht", sagt Christian. Die Machtungleichheit ist den Mitarbeitern von H. bewusst, es ist bekannt, dass für gleiche Aufgaben sehr unterschiedliche Löhne bezahlt werden. Sie wissen, dass ihre Kollegen in Ungarn, die in ähnlichen Positionen tätig sind, höher qualifiziert sind und viel weniger verdienen. Die österreichischen Mitarbeiter kritisieren, dass ihre ungarischen Kollegen nicht auf Augenhöhe mit ihnen reden und ihre Witze nicht verstehen (obwohl man sich der Sprachbarriere bewusst ist). Sie beklagen sich, dass sie sich bei G. nicht freundlich aufgenommen fühlen und „wie Fremdkörper behandelt werden".

Reinhard meint, Ungarn als Land fehle der Mut, neue Dinge umzusetzen, es sei ein rückständiges Land, das den Übergang vom Kommunismus zu einer Demokratie nur schwer schaffe.

Sprache

Die Sprache wird als Barriere empfunden, nicht nur für die inhaltliche Verständigung, sondern auch wenn es darum geht, eine vertrauensvolle Beziehung herzustellen. Die Interviewten vermuten, dass die an den ungarischen Kollegen beobachte Reserviertheit und Unsicherheit daher kommt, dass diese nicht perfekt deutsch sprechen und Angst hätten, Fehler zu machen. Christian verwendet aus Höflichkeit ungarischsprachige Begrüßungs- und Verabschiedungsformeln im Kontakt mit MitarbeiterInnen von G.. Reinhard passt sich in Sprachgeschwindigkeit und durch Reduktion der Komplexität an. Hermann verwendet ein stark reduziertes Deutsch, zum Beispiel sagt er *„du machen das jetzt so, so, so"*. Im Kontakt mit einem österreichischen Mitarbeiter würde er sagen *„bitte mach die Schweißnaht von links nach rechts und mach sie einen Zentimeter hoch"*. Wenn er die gleiche Anweisung an einen Ungarn geben würde, erwartet er: *„Der schaut di on und sogt ja mach ich und du gehst 10 Minuten später vorbei, und der sitzt noch immer und hat den Finger in der Nasen drin."* Hermann ist der Meinung, die ungarischen Kollegen wollen so angesprochen werden und nur so werde er auch verstanden. Seine Kollegen kritisieren das als unhöflich und meinen, dass man so mit niemand reden sollte.

Christian erzählt, dass er Witze mache, um die Stimmung aufzulockern und seine ungarischen Kollegen zu ermutigen. Er ist enttäuscht, dass sogar ein Witz als Vorwurf und Kritik an ihrer Arbeitsweise aufgenommen wird. Der Unterschied in der Beherrschung der deutschen Sprache führt zu einer Unsicherheit bei den ungarischen Mitarbeitern, wenn es darum geht, eigene Ideen oder Kritik einzubringen.
Hermann und Christian sprechen in starkem Dialekt, Hermann verwendet vor allem in emotionalen Situationen Redewendungen falsch und gebraucht regionale Dialektausdrücke. Für Personen mit nichtdeutscher Muttersprache ist das nur sehr schwer verständlich.

Umgang mit Zeit

In der Zusammenarbeit mit G. kommt es regelmäßig zu Verzögerungen bei Lieferungen oder zu Falschlieferungen. Die Mitarbeiter von H. beklagen sich, dass man nicht mit ihnen spricht und sie nicht rechtzeitig informiert. Über Probleme in der ungarischen Produktion wird mit österreichischen Mitarbeitern nicht gesprochen. Fehler oder fehlendes Material werden so lange wie möglich verdeckt gehalten. Acht von zehn Lieferterminen werden nicht eingehalten. Da im Kundenkontakt H. und G. eine Produktionseinheit sind, kann man sich bei Lieferverzögerung auch nicht auf die „Schuld der Ungarn" berufen, sondern muss die Verzögerung als eigenen Fehler darstellen. Das ruft großen Unmut hervor.

Während bei H. die MitarbeiterInnen zwischen 8:00 und 8:15 zur Arbeit kommen, ist bei G. Arbeitsbeginn um 8:00 pünktlich. Im Interview wird von den H.-Mitarbeitern gesagt, ihr Chef sei nicht anwesend am Morgen, *„deshalb nehmen wir das nicht so genau".* Im Gegensatz zu G. gibt es kein Zeiterfassungssystem. Die G.- Mitarbeiter kritisierten beim Austausch die mangelnde Pünktlichkeit der Kollegen von H.. Nach ihren wichtigsten Werten im Berufsleben gefragt, waren für die H.-Mitarbeiter Pünktlichkeit und Disziplin der höchste Wert. Bei G. ist es nicht üblich, dass MitarbeiterInnen um flexible Arbeitszeit ersuchen zB. wegen Kinderbetreuung oder weil ihr Bus nur zu bestimmten Zeiten fährt. Bei H. sind individuelle Regelungen möglich und üblich. Auch bei der Urlaubsgestaltung gibt es bei H. mehr Freiraum als bei G..

Überstunden werden bei G. erst ab der 21. Mehrstunde bezahlt, bei H. ab der 11. Vorher wird die Mehrleistung mit einer Pauschale abgegolten. Hermann kritisiert die mangelnde Bereitschaft zur Leistung von Überstunden bei G..

Qualifikation
Die Qualifikation der ungarischen Kollegen wird als sehr gut bezeichnet, die fachliche Ausbildung habe höheres Niveau und die Sprachkenntnisse seien besser als in Österreich. Vor allem Hermann kritisiert aber, dass die Menschen ihr Wissen nicht zur Problemlösung einsetzen könnten und kein Selbstbewusstsein hätten. Seiner Meinung nach fehlt es auch an Flexibilität, zB. mit einem abgeschlossenen Studium als Kellnerin zu arbeiten. Er fordert damit implizit die Bereitschaft, sich zu dequalifizieren. Sich selbst beschreiben Reinhard und Hermann als mittelgut ausgebildet, aber sehr fähig, sich das nötige Wissen im Job anzueignen.

Gespräch mit dem Geschäftsführer und den ungarischen Kollegen
Im Anschluss werden die ungarischen Kollegen und der Geschäftsführer zu einem gemeinsamen Abschlussgespräch in den Raum geholt. Der Geschäftsführer betont, wie wichtig ihm gute Zusammenarbeit ist und dass er den Austausch wiederholen

möchte. Anstatt die vorher im Gruppengespräch geäußerte Kritik zu wiederholen, spricht Hermann die Einladung aus, dass sich die Mitarbeiter von G. doch mit Eigeninitiative und Selbstvertrauen in das gemeinsame Unternehmen einbringen sollten. Die Mitarbeiter von G. sagen, es sei lehrreich für sie gewesen, dass sie das Werk in Österreich kennen gelernt haben, und sie bedanken sich für die freundliche Aufnahme, vor allem durch Reinhard, der mit ihnen an einem Abend einen Ausflug nach Wien gemacht hat.

Während es im Gespräch mit „den Eigenen" zu einer sehr starken Abwertung „der Anderen" kommt und festgestellt wird „die haben eine andere Mentalität", überwiegt im Gespräch mit „den Anderen" die Aussage „eigentlich haben wir kein Problem, ihr solltet nur ein bisschen anders sein".

Von den drei Mitarbeitern von G., die im April am Workshop teilgenommen haben, arbeitet nur mehr István für G., die anderen haben die Firma verlassen. Alle vier Mitarbeiter von G., die am Projekt teilgenommen haben, sind jung (unter 30) und Absolventen von mindestens einem technischen Fachhochschulstudium.

Interview mit den Mitarbeitern von G.
Als Vergleich wird hier kurz auf das Interview mit den Mitarbeitern von G. eingegangen. Im Interview betonen die drei Mitarbeiter von G. stärker als ihre österreichischen Kollegen die Gemeinsamkeiten. Eigenverantwortung, Zielerreichung und Termintreue sind wichtige Werte für sie. Auch sie weisen auf die Unterschiede in der Überstundenregelung hin, diese ist bei G. ungünstiger. Die ungarischen Mitarbeiter haben weniger Zugang zu modernen Technologien, sie arbeiten mit AutoCAD 2D, Version 2000. Ihre österreichischen Kollegen verwenden AutoCAD 3D, Version 2007. Die Arbeitsatmosphäre ist nach Ansicht der ungarischen Mitarbeiter in Österreich ruhiger, weil man nicht wie in Ungarn ständig mit dem Problem der Existenzsicherung beschäftigt sei.

4.3.3 Informelles Gespräch nach dem Auswertungsgespräch

Das Auswertungsgespräch mit zwei der Mitarbeiterinnen von T. und R. fand im Aufenthaltsraum der Näherei von T. in Oberpullendorf statt. Der Aufenthaltsraum wurde während des Gesprächs von Mitarbeiterinnen der Näherei genutzt. Der Personalchef von T. koordinierte diesen Termin. Es war schwierig einen Zeitraum zu finden, wo beide Frauen eine Stunde lang arbeitsfrei gestellt werden konnten. Szende war sehr aufgeregt, ihre österreichische Kollegin sagte, dass sie sie den ganzen Morgen über immer wieder ermutigen hätte müssen. Als Grund gibt Szende an, dass sie nicht wisse, ob sie die richtigen Antworten geben könnte. Sie spricht perfekt deutsch, hat von den beiden Frauen die höhere Ausbildung (Fachmatura). Ihre Aufgabe ist die Qualitätskontrolle in der Näherei R. und sie ist Assistentin des Betriebsleiters. Szende ist zum ersten Mal persönlich bei T., bisher hatte sie immer nur telefonisch Kontakt, bzw. MitarbeiterInnen von T. kamen nach Köszeg zu R..

Im Gruppengespräch betonten beide Frauen die gute Zusammenarbeit, das Gespräch verlief ruhig und freundlich, fast herzlich. Auffallend war, dass Renate und Szende häufig die gleichen Antworten gaben, bzw. sich gegenseitig bestärkten. Sie betonen immer wieder die gute Zusammenarbeit und dass es keine Probleme gäbe. Im Anschluss an das einstündige Gespräch mussten wir noch ein paar Daten erheben und teilten uns auf, um Zeit zu sparen. Klara ging mit Szende in den Nebenraum und besprach mit ihr ungarisch die benötigten Daten, während ich mit Renate sitzen blieb. In beiden Fällen ergab sich ein informelles Gespräch, das die vorher gezeigte Harmonie relativierte. Im offiziellen Gespräch war ein großer Druck zu spüren - das Gespräch konnte von Kolleginnen mitgehört werden, da es im gemeinsamen Aufenthaltsraum stattfand. Es wurde von Herrn N, dem Personalchef organisiert, im Kontakt mit ihm war stark die hierarchische Struktur spürbar. Das Thema „Angst um den Arbeitsplatz" ist in der Region allgemein und in der Textilbranche speziell präsent. Deshalb erscheint es wichtig, das offiziell Gesagte unter der Linse der Differenz zum inoffiziell Gesagtem zu betrachten. Die TextilarbeiterInnen auf beiden Seiten der Grenze stehen in Konkurrenz zueinander. Billige und fehlerfreie Produktion sind Standortvorteile. Auch wenn die beiden Frauen persönlich ein harmonisches Verhältnis haben, stehen sie in Konkurrenz zueinander.

Für Renate ist es vor allem wichtig, eine Anstellung zu haben und zu behalten. Alles andere sei ihr unwichtig, sie könne sich anpassen. Sie ist über 50 jährig und lebt mit ihrer Familie im südlichen Burgenland. Das Eigenheim sei noch nicht abbezahlt und der Mann müsse ohnehin nach Wien pendeln. Sie arbeitet in der Qualitätssicherung. Bisher war ihre Aufgabe, im Werk R. die Fertigware zu kontrollieren und Probleme mit Szende zu klären, sie war in regelmäßigen Abständen in Ungarn. Ab August 2006 wird diese Tätigkeit von MitarbeiterInnen von R. durchgeführt. Im informellen Gespräch beklagt sie sich, dass es schwierig sei, wenn immer wieder der gleiche Fehler gemacht werde. Sie reklamiert und bekommt wieder fehlerhafte Ware. Manchmal resigniere sie und erklärt sich das mit der unterschiedlichen Mentalität und Einstellung der Ungarn zur Arbeit.

Szende erzählt Klara, dass es für eine Ungarin unmöglich sei, bei T. in Österreich als Angestellte zu arbeiten. Wenn sie für T. in Österreich tätig werden möchte, kann sie das nur als Selbständige machen, ohne fixe Anstellung und Pensions- und Krankenversicherung. Sie ersucht mehrmals um Vertraulichkeit. Das bedeutet wahrscheinlich, dass es Personen gibt, die unter Umgehung des Ausländerbeschäftigungsgesetzes für T. in Österreich arbeiten. Das ist eine vor allen in der Baubranche verbreitete Vorgangsweise. Herr N, der Personalverantwortliche, bestätigte das indirekt. Er sagte, ungarische ArbeitnehmerInnen würden in Österreich mit freien Dienstvertrag arbeiten, wahrscheinlich meinte er Werkverträge für Selbständige. Freie Dienstverträge unterliegen dem Ausländerbeschäftigungsgesetz. Dieses schreibt vor, dass eine Ausländerin nur beschäftigt werden darf, wenn sie entweder Schlüsselkraft ist oder nachgewiesen werden kann, dass für diese Tätigkeit keine Österreicherin oder den ÖsterreicherInnen gleichgestellte ausländische ArbeitnehmerIn gefunden werden kann. Um als Schlüsselkraft zugelassen zu werden, muss unter anderem ein relativ hoher Lohn bezahlt werden, was in der Textilbranche für Frauen in dieser Position ausgeschlossen ist. Ein Ersatzkraftverfahren, in dem nachgewiesen wird, dass für diese Tätigkeit keine österreichische ArbeitnehmerIn zur Verfügung steht, ist auch nicht erfolgversprechend. Ausgenommen vom Ausländerbeschäftigungsgesetz sind selbständig Erwerbende. Firmen nutzen diese illegale Umgehung des Ausländerbeschäftigungsgesetzes.

Szende arbeitet seit 15 Jahren für R. in Köszeg und ist zum ersten Mal im österreichischen Werk. Köszeg ist von Wiener Neustadt 67km, von Oberpullendorf 19km entfernt. Sie sagt, sie sei froh, die Möglichkeit für persönlichen Kontakt bekommen zu haben, da nun ein Problem ausgeräumt werden konnte: Es hat immer wieder Produktionsfehler gegeben aufgrund einer mangelhaften Übersetzung der Produktionsanleitung. Helga hat im Auswertungsgespräch in Wiener Neustadt gesagt:

> *Fachausdrücke sind oft schwierig zu übersetzen, manchmal gibt es sprachliche Missverständnisse, wenn die Übersetzerin die spezifischen Fachausdrücke nicht kennt; z.B. „linke" oder „rechte" Seite des Stoffes wird nicht immer richtig als Stoffinnen- oder Außenseite übersetzt.*

Das Problem ist bei T. bekannt. Szende hat bei ihrem Besuch im Werk Oberpullendorf festgestellt, dass es auf Grund eines Übersetzungsfehlers seit Jahren zu wiederholten Produktionsfehlern gekommen ist. Die Ware wurde als fehlerhaft in das Werk von R. zurückgeschickt, neu genäht und mit dem gleichen Fehler wieder zu T. nach Wiener Neustadt geliefert. Dieser Vorgang wiederholte sich mehrmals. Was Renate als Mentalitätsunterschied interpretiert (siehe oben), ist ein Übersetzungsfehler.

Szende hat im Gruppengespräch nicht darauf hingewiesen, dass die Schuld am Produktionsfehler in der Übersetzung und nicht in der Produktion liegt. Sie hat auch nicht darauf hingewiesen, dass sie nun die Ursache für den Fehler entdeckte, den die österreichische Qualitätskontrolle lange nicht entdeckt hat. Die Methodenbeschreibung wird in Wiener Neustadt gemacht und in Köszeg übersetzt.
Renate sagt im gemeinsamen Gespräch: *„Probleme werden gemeinsam besprochen, es ist eine sehr gute Zusammenarbeit"*, und trotzdem wird lange Zeit nicht entdeckt, dass es sich um einen Übersetzungsfehler in der Methodenbeschreibung handelt und nicht um einen Fehler der Näherinnen. Die Ware wird mit Reklamation wiederholt zurückgeschickt, offensichtlich wird nicht versucht, die Ursache des Fehlers zu finden.

R. produziert nicht mehr für T., die Produktion wurde in Länder verlagert die billigere Lohnkosten garantieren können. Bereits 2005 wurde die Lohnfertigung von R. in Kapuvar/Nordwestungarn eingestellt, die Produktion nach Rumänien verlagert. 150 der 250 MitarbeiterInnen verloren ihren Arbeitsplatz (Url 7). Im Jahr 2000 hatte

R./Kapuvar noch 700 MitarbeiterInnen (Url 8). Das Werk in Köszeg verlor den Auftrag zur Lohnfertigung nach 2006.

Das zweite Gespräch mit einer T.- Mitarbeiterin fand in Wiener Neustadt in der Zentrale statt. Helga arbeitet in der Qualitätssicherung. Ihre Aufgabe ist es, die Einhaltung der Qualitätskriterien in mehreren Werken in Österreich, Ungarn und Rumänien zu überprüfen und Mängel festzustellen. Seit neun Jahren arbeitet sie regelmäßig in Ungarn. Helga spricht über die Zusammenarbeit viel kritischer als ihre Kollegin Renate. Ähnlich wie die H.-Mitarbeiter äußert sie sich abwertend über die Arbeitsweise „der UngarInnen" und kritisiert „die ungarische Mentalität". Die Hauptprobleme sind Produktionsfehler und Nichteinhalten der Liefertermine.

Anhand dieser drei Fälle wird aufgezeigt, wie über „die Anderen" gesprochen wird, wie mit ihnen gesprochen wird und wie sich die zu Grunde liegenden Haltungen in der Alltagspraxis manifestieren. Im Folgenden wird am Beispiel einer Interkulturellen Broschüre untersucht, wie über „die Anderen" geschrieben wird. Diese Informations- und Serviceschriften produzieren und reproduzieren Wissen für den Umgang miteinander.

4.4 Interkulturelle Broschüren

Broschüre von ecoplus

Ecoplus (die Wirtschaftsagentur des Landes Niederösterreich) stellt UnternehmerInnen, die an wirtschaftlicher Kooperation mit Ungarn interessiert sind, eine Broschüre[10] mit Interkulturellem Know-how zur Verfügung. Die Redakteurin von „Personal & Interkulturelles Know-how Ungarn - Einblicke und Anregungen für den Geschäftsalltag mit Kunden, Geschäftspartnern und Mitarbeitern aus Ungarn" ist „Senior Consulter Internationalization" bei ecoplus International und zertifizierte interkulturelle Business-Trainerin. Der Ratgeber hat die im Rahmen des Projekts erstellte „Interkulturelle Broschüre" wesentlich beeinflusst. Als Quelle wird unter anderem Geert Hofstede angegeben. In der Einleitung wird darauf hingewiesen, dass die Globalisie-

---

[10] Personal & Interkulturelles Know-how Ungarn; Hg: Ecoplus NÖ Wirtschaftsagentur; Einblicke & Anregungen für den Geschäftsalltag mit Kunden, Geschäftspartnern und Mitarbeitern aus Ungarn

rung Auswirkungen auf Beziehungen zwischen Ländern, Unternehmen und Gesellschaften hat. Das konfrontiert uns mit einer hohen Komplexität an Werten und Einstellungen und kann zu Schwierigkeiten im Umgang miteinander führen.

> *Wir vereinfachen die immer komplexer werdende Welt durch Stereotypen wie: die Italiener sind schlampig, die Amerikaner oberflächlich, die Briten arrogant und die Deutschen penible Erbsenzähler. Keiner von uns ist frei von solchen Vorurteilen.* (Personal & Interkulturelles Know-how: 15).

Diese Tatsache wird nicht näher kommentiert und zB. ein selbstkritischer Umgang mit den eigenen Stereotypen empfohlen, sondern es wird als Tatsache dargestellt, dass Menschen aufgrund nationaler Zugehörigkeit auf bestimmte Dinge Wert legen, wie zB. die Österreicher auf Ehrentitel. Man müsse das nötige Wissen über die Wertorientierungen und sozialen Gepflogenheiten erwerben um wirtschaftlich erfolgreich zu sein (ebenda: 16). Obwohl immer wieder erwähnt wird, dass es viele Gemeinsamkeiten und auch Verbindendes gäbe, werden doch die Unterschiede betont und hervorgehoben.

Neben dem Bereich Landeskultur wird auch bei Alter und Gender mit Stereotypen gearbeitet. Es wird unterschieden zwischen der *„jüngeren Generation"*, welche *„voll Hoffnung in die Zukunft blickt und dem Neuen offen, neugierig und entschlossen entgegensieht"* und der „älteren Generation", die *„mit einer Mischung aus Trauer und Nostalgie über das Verlorene und mit einem tief verwurzelten „Lebenspessimismus"* lebt (ebenda: 32). Frauen waren vor dem Systemwechsel *„im Berufsleben schon früh integriert – ohne ihre Rolle als Hausfrau und Mutter deshalb zu vernachlässigen"* (ebenda: 48). Es wird auf eine traditionelle Wertorientierung hingewiesen und empfohlen, der Sekretärin Blumen mitzubringen, Frauen die Tür aufzuhalten usw. Frauen sollen sich in ihrer professionellen Rolle nicht abgewertet fühlen, wenn sie für ihr Aussehen Komplimente bekommen (ebenda: 49).

Der Ratgeber baut auf die Konstruktion von Differenz zwischen „uns" und „den Anderen" auf. Heterogenität innerhalb einer Gruppe oder der wirtschaftliche, politische und soziale Kontext werden nicht einbezogen. Auch in Österreich sind traditionelle Verhaltensmuster in Genderfragen sehr weit verbreitet, vor allem im ländlichen Raum. In der Stereotypisierung von Alten/Jungen stehen die Jungen für die „Entwicklung hin zu unseren Standards" und die Alten „für das rückständige Erbe des Kommunismus". Auf die hohe Jugendarbeitslosigkeit und die damit verbundene Perspektivenlosigkeit der Betroffenen wird nicht eingegangen.

Im Kapitel „Personal und Arbeitsethos" erfährt man, dass bei Arbeitern in Spitzenpositionen das Arbeitsverständnis mit dem in Österreich vergleichbar ist. *„Auf den Ebenen darunter und bei den einfachen Mitarbeitern gibt es in Ungarn in dieser Hinsicht sehr wohl Nachholbedarf"* (ebenda: 54). Die Einstellung zur Arbeit hänge *„nicht nur von der Ausbildung, der Position, vom Alter und der sozialer Herkunft ab, sondern auch von kulturellen Besonderheiten* (ebenda: 53). Eine kulturelle Besonderheit ist, dass zwischenmenschliche Beziehungen im Beruf eine wichtigere Bedeutung als in Österreich haben.

Der Text der interkulturellen Beraterin wird von Erfahrungsberichten österreichischer UnternehmerInnen unterstrichen. Ungarische ArbeitnehmerInnen werden durchwegs als schlechter dargestellt. Man müsse häufiger kontrollieren, da nachlässig gearbeitet wird, Mentalitätsunterschiede und Motivationsprobleme aufgrund der pessimistischen Arbeitseinstellung sei ein häufig auftretendes Problem, und *„Ungarische Mitarbeiter wollen gerne geführt werden, brauchen Anweisungen, übernehmen keine Verantwortung* (ebenda: 71-79).
Im Rahmen des Projekts LAGERA wurde ein Ratgeber für die Zusammenarbeit mit Ungarn erstellt und an die österreichischen TeilnehmerInnen verteilt. Als Quelle diente vor allem die Broschüre von ecoplus, diese wurde vereinfacht und gekürzt wieder gegeben.

5 Die Konstruktion von Differenz

In diesem Kapitel geht es darum, wie sich die Zusammenarbeit auf der Basis der ungleichen Machtverhältnisse gestaltet. Zu Beginn wird dargestellt, wie Unterschiede in der Arbeitsweise beschrieben werden. Die Unterschiedlichkeit wird als „andere Mentalität" bezeichnet und beinhaltet Abwertung. Den UngarInnen allgemein und den ungarischen KollegInnen im Besonderen wird aus einer dominanten Position eine Identität zugeschrieben. Diese dominante Position konstituiert sich aus einer Machtasymmetrie im wirtschaftlichen Bereich, im Gebrauch der jeweiligen Nationalsprache und in der alltäglichen Praxis der Zusammenarbeit. Die Unterlegenen können mit Anpassung oder Widerstand reagieren. Im dritten Teil dieses Kapitels werden Handlungen aufgezeigt, die als Widerstand der Machtlosen interpretiert werden. Zum Abschluss wird der Beitrag von interkultureller Beratung und von interkulturellen Broschüren und deren Kulturbegriff reflektiert.

5.1 Kulturelle Unterschiede?

5.1.1 Mentalität und Arbeitsweise

„Zu den häufigsten Problemen westeuropäischer Manager mit ungarischem Personal gehört nach wie vor die Unkenntnis der ungarischen Mentalität und Gepflogenheit..." liest man im Ratgeber „Personal & Interkulturelles Know-how" (ebenda: 79). *„Erwarten sie den Kulturschock "* (ebenda: 83) wird empfohlen. Das impliziert, dass die kulturelle Differenz eine der wesentlichen Schwierigkeiten ist, wenn eine Österreicherin/ein Österreicher in Ungarn Geschäftsbeziehungen aufbaut oder eine Beschäftigung annimmt. Ein scheinbar homogenes Westeuropa steht Ungarn gegenüber.

Die interkulturelle Broschüre, die im Projekt LAGERA an die österreichischen Teilnehmenden verteilt wurde, orientiert sich an der Broschüre von ecoplus. Ungarischen ArbeitnehmerInnen wird eine andere Mentalität zugeschrieben. Die fehlende Bereitschaft, Verantwortung zu übernehmen, der Wunsch geführt zu werden und die Erwartung von Hilfe und Fürsorge, werden in beiden Werken als typisch beschrieben und auf die kommunistische Vergangenheit zurück geführt. Beziehungen sind in Ungarn wichtig – zum einen hängen Aufstiegschancen von guten Beziehungen zu Vorgesetzten ab und zum anderen sei *„den Ungarn eine gewisse Gelassenheit* *eigen*" (Personal & Interkulturelles Know-how: 54). Hier wird den Anderen unterstellt, sie seien weniger zielorientiert und unmotiviert.

Darstellung durch die österreichischen KollegInnen
Die österreichischen ProjektteilnehmerInnen schreiben „den Ungarn" eine Reihe von negativen Attributen zu und fassen diese unter „andere Mentalität" zusammen. Die Beschreibungen einer tatsächlichen oder vermeintlichen Differenz in Arbeitsweise und Mentalität sind mit Abwertung verbunden. Mangelnde Motivation, wenig Zielorientierung, kein Selbstbewusstsein sind immer wiederkehrende Zuschreibungen. Die ungarischen Mitarbeiter von G. und R. betonen, dass für sie Eigenverantwortung, Termintreue und Zielerreichung wichtige Werte im Berufsleben sind. Diese Aussagen werden von österreichischen MitarbeiterInnen nicht kommentiert oder aktiv zur Kenntnis genommen.

Hermann beschreibt die Kommunikation mit seinen ungarischen KollegInnen als sehr anstrengend und mit viel Ärger behaftet. Sich selbst beschreibt er als jemand, der viel Einsatz zeigt beim Erreichen seiner Ziele und beim Einfordern von termingerechten Arbeitsleistungen. Sein Selbstbild steht im Gegensatz zum Fremdbild.

„Irgendwann resigniert man, die sind einfach anders" sagt Helga, als sie von wiederholten Produktionsfehlern und erfolglosen Reklamationen erzählt. Das Fehlen von Selbstwirksamkeit führt zu Resignation und die Schuld dafür wird den kulturellen Unterschieden zugeschrieben.

„Von zehn Lieferterminen verhauen sie acht" - die Mitarbeiter von H. erklären das Problem der unpünktlichen Lieferungen mit der mangelnden Motivation der Ungarn und ihrer anderen Einstellung zur Arbeit. Aus Sicht der Mitarbeiter von G. liegt es an der Firmenleitung, dass Termine nicht eingehalten werden können. Auf Weisung der Geschäftsführung in Österreich müssen sie Material immer beim billigsten Anbieter einkaufen. Wenn dieser nicht termingerecht liefern kann oder die Qualität mangelhaft ist, kommt es zu Verzögerungen in der Produktion. Aus ihrer Sicht ist die Geschäftsführung in Österreich selbst schuld, dass die Produktion in Ungarn nicht termingerecht liefern kann. Die Firmenzentrale in Österreich beklagt sich, dass Verzögerun-

gen nicht rechtzeitig angekündigt werden und interpretiert das als fehlendes Engagement und Verantwortlichkeit.

Renate vergleicht die Arbeitsabläufe von R. und T.: *„In Ungarn muss man öfters nachfragen, kontrollieren, ob die Arbeit so gemacht wurde, wie erwartet. In Österreich kann man sich besser darauf verlassen, dass alles so gemacht wird, wie gewünscht."* Wenn Produktionsfehler wiederholt reklamiert werden müssen, wird das auf unterschiedliche Mentalität und Arbeitsethos zurück geführt. Bei T. ist bekannt, dass Übersetzungsfehler ein Grund dafür sein können. Bei H. weiß man, dass der Zwang, den billigsten Lieferanten zu beauftragen, Produktionsverzögerungen bei G. verursachen kann. Das führt nicht zu einer anderen Beurteilung.

In der Kooperationsübung im Workshop bestätigen sich scheinbar die Zuschreibungen aus den interkulturellen Broschüren und die der österreichischen Teilnehmenden. „Die Österreicher" gehen zielorientiert und engagiert vor, sie lösen die Aufgabe rasch, während „die Ungarn" keinen Beitrag leisten und sich ohne Selbstbewusstsein führen lassen. Erst wenn man Kontext und Machtunterschiede mit einbezieht, wird eine andere Interpretation zwingend.

Wann wird wie über was gesprochen
Beim Workshop geben die Teilnehmenden an, sie wollen die Mentalität der anderen kennen lernen. Der Geschäftsführer von H. möchte *„die kulturellen Unterschiede besser verstehen"*. Das bedeutet aber nicht, dass sie die Möglichkeit nutzen, die anderen und ihre Selbstbilder besser kennen zu lernen. Persönlicher Kontakt beim gemeinsamen Mittagessen oder bei Gruppenarbeiten wird vermieden. Im Gruppengespräch wird sowohl bei T./R. als auch bei H./G. keine Kritik geäußert, wenn „die Anderen" anwesend sind. Auch in der Steuerungsgruppe, in der Vertreter von österreichischer und ungarischer Wirtschaftskammer und Arbeitsmarktverwaltung anwesend sind, wird über „mentale Barrieren und Vorurteile" nicht gesprochen.

Die Differenz von Aussagen je nach Gesprächskontext ist auffällig. Während im gemeinsamen Gespräch die Zusammenarbeit positiv beschrieben wird, werden in Abwesenheit „der Anderen" kritische und abwertende Bemerkungen gemacht.

Darstellung der Anderen in Umfragen

Im Rahmen des Projektes LAGERA wurden von einem Sozialforschungsinstitut wiederholt 40 Unternehmer aus dem Industrieviertel befragt. Die Ergebnisse der Befragungen wurden jeweils als „Stimmungsbarometer" in der Steuerungsgruppe (STEUK) präsentiert. 20% der befragten UnternehmerInnen wollen keine ungarischen Arbeitskräfte einstellen. Als Gründe werden die Befürchtung sprachlicher Probleme, ausreichendes Arbeitskräfteangebot am heimischen Arbeitsmarkt und die Befürchtung von Vorbehalten seitens der Stammbelegschaft genannt (Willsberger 2005:5).

In der Präsentation vom Mag. Willsberger vor der STEUK[11] wird der Punkt „befürchtete Vorbehalte seitens der Stammbelegschaft" nicht erwähnt. Das ist bemerkenswert, da es der einzige Punkt aus der Dokumentation der Erhebung ist, welcher in der Präsentation nicht erwähnt wird. Die Anzahl der Nennungen „Vorbehalte seitens der Stammbelegschaft" ist nicht näher quantifiziert und wird auch nicht näher ausgeführt. Die Verfasserin vermutet, dass es sich um Zuschreibungen in Bezug auf die „mindere Leistung" handelt.

Mentalität und die Art und Weise wie man denkt und in Folge die Art wie man arbeitet wird essentialistisch gedacht. Die nationale Zugehörigkeit ist das wesentliche Unterscheidungsmerkmal zwischen den Menschen. „Die Österreicher" stehen in Bezug auf Eigenverantwortung, Termintreue und Zielorientierung im Gegensatz zu „den Ungarn". Widersprüche in der Argumentation können aus der dominanten Position heraus umgedeutet werden. Die Mitarbeiter von G. stellen fest, dass die Mitarbeiter von H. nicht pünktlich zur Arbeit erscheinen. *„Wir nehmen das nicht so genau"* sagen diese. Das, was sie bei den Anderen als Unpünktlichkeit und mangelndes Interesse an der Arbeit kritisieren, ist in ihrem Fall Flexibilität. In dieser Interaktion haben die österreichischen Mitarbeiter die Macht, die Regeln zu brechen und gleichzeitig die Regelkonformität der ungarischen Mitarbeiter abzuwerten, sodass diese Regelkonformität keine Pluspunkte auf dem Konto der moralischen Güte gibt.

---

[11] 2. STEUK, September 2005

Das „Unvollkommene Selbst"

Die Motive „das unvollkommene Selbst", das „Niedrigstmögliche" (Todorova), die „westeuropäische Überlegenheit" (Böröcz) und der „stigmatisierte Bruder" (Buchowski), die im Theorieteil dieser Arbeit ausgeführt wurden, finden sich in der Praxis der betrieblichen und persönlichen Zusammenarbeit wieder. „Sie sind (noch) nicht so gut wie wir" wird nicht ausgesprochen ist aber als Haltung präsent. Auf der Ebene der EU Erweiterung folgt aus der „westeuropäischen Überlegenheit", dass Ungarn Bedingungen erfüllen und beweisen muss, dass es entwickelt und westlich genug ist.

Todorova sagt in Bezug auf Regionen *„[..] während die unmarkierten Kategorien ihre Macht davon ableiten, dass sie der Standard sind, an dem alle anderen sich messen müssen [..]"* (2003:229f). Das gilt auch für deren BewohnerInnen. Die ÖsterreicherInnen sind BewohnerInnen der unmarkierten Regionen, sie konstruieren ihr Selbst und ihre Arbeitsweise als richtig, das heißt sie sind motiviert und arbeiten zielorientiert und eigenverantwortlich. Im neoliberalen Kapitalismus ist Österreich im Vergleich zu Ungarn eine unmarkierte Region.

Der Nutzen der kulturellen Unterschiede

Anstatt über betriebliche Konflikte in Bezug auf ungleiche Machtverhältnisse zwischen Mutter- und Tochterbetrieb, Auftragsvergabe an die Lohnfertigung und Kommunikation zu sprechen, werden die Unstimmigkeiten mit kultureller Differenz begründet. Wenn eine Führungskraft MitarbeiterInnen öffentlich kritisiert, ist das ein problematischer Führungsstil. Wenn eine Firma übernommen wird und in die Firmengruppe eingegliedert werden soll, ist das eine Herausforderung. In der grenzüberschreitenden Zusammenarbeit werden diese Herausforderungen als kulturbedingt schwierig dargestellt.

Der Nutzen einer derartigen Darstellung ist, dass man die Schuldigen an den Konflikten und der schwierigen Zusammenarbeit leicht orten kann: es ist die Nationalkultur. Wenn Konflikte auf die Ebene der kulturellen Differenz verlagert werden, müssen sie innerhalb des sozialen Systems nicht weiter verhandelt und bearbeitet werden. Es ist einfacher, vermeintliche kulturelle Differenzen zur Erklärung heran zu ziehen, als KollegInnen oder Vorgesetzte für ihren Führungsstil zu kritisieren. Der eigene Anteil am Konflikt kann ausgeblendet bleiben, da die Kultur der Anderen die alleinige Schuld trägt. Kulturelle Geprägtheit wird als unveränderbar gesehen (vgl. Müller: 83).

Das eigene Fremdsein im anderen Land und die damit verbundene Unsicherheit und Anstrengung können ausgeblendet werden, wenn man andere für die mangelnde Effizienz verantwortlich machen kann.
Auf die Frage nach der Rolle von virtueller Zusammenarbeit wird nicht eingegangen. Kommunikation zwischen Unternehmen oder Abteilungen wird schwieriger und das Risiko von Fehlern steigt, wenn persönliche Gespräche und Wissensaustausch eher die Ausnahme als die Regel sind.

5.1.2 Das Erbe des Kommunismus

Mit dem „Erbe des Kommunismus" wurden von MitarbeiterInnen und UnternehmerInnen die vermeintlichen oder tatsächlichen Unterschiede in der Arbeitsweise zu begründet und erklärt, warum ungarische Mitarbeiter zB. weniger gerne bereit sind, Entscheidungen zu treffen oder nicht bereit sind, selbständig zu arbeiten. Ausgenommen von diesem Vorwurf sind junge, gut Ausgebildete und Führungskräfte. Wobei sich in der Praxis zeigte, dass die jungen Techniker mit Fachhochschulabschluss zwar wiederholt als Personen von der Zuschreibung „Erbe des Kommunismus" ausgenommen wurden, dann aber wieder damit belegt wurden, wenn Mitarbeitern von G. oder den Ungarn allgemein negativer Arbeitsethos vorgeworfen wurde.

Schubert, eine der ForscherInnen des Forschungsverbund Ost- Südosteuropa, kommt zu dem Fazit: *„überkommene sozialistische Verhaltensweisen lassen sich nur sehr langsam ablegen, neue Verhaltensweisen werden nur zögernd entwickelt"* (2003: 13).

Buchowski zitiert in seinem Artikel „The Specter of Orientalism" einen führenden polnischen Ökonomen, der auf die Frage, ob es Verlierer der Transformation gäbe, antwortet: *„The problem of Poland is the Poles themselves who wait for a manna from heaven and think they deserve everything without work and commitment. It is the passive part of society that is at fault"* (2006: 468). Dem gegenüber stünden der neoliberalen Logik entsprechend jene, die mit Unternehmertum, Wissen und Engagement erfolgreich sind. Im Kommunismus habe es ein moralisches Vakuum gegeben, Menschen haben gelernt, wie sie ihre Vorgesetzten betrügen, stehlen und spionieren. Ihr Einkommen haben sie aus staatlicher Versorgung und aus Diebstählen bekommen. Der Ökonom geht davon aus, dass im Kapitalismus positive Dinge wie harte Arbeit und Innovation belohnt werden (vgl. Buchowski 2006: 468f). Buchowski findet es paradox, dass gerade die Nomenklatur, die sich am stärksten mit den Werten des Kommunismus identifizierte nach der Transformation wirtschaftlich am erfolgreichsten wurde (ebenda: 470).

Menschen im Staatssozialismus haben Verhaltensweisen entwickelt, mit denen sie sich an die politischen und gesellschaftlichen Realitäten angepasst haben. Anpassung beinhaltet Unterordnung und Widerstand. Die Zuschreibungen, die unter „das Erbe des Kommunismus" zusammengefasst werden, frieren die Geschichte ein und lassen alle Entwicklungen, die seit 1989 passiert sind und Machtasymmetrien außer acht. Die Gesellschaft wird geteilt in „die Erfolgreichen, welche sich anpassen" und „die, welche selber schuld sind an ihrer schlechten Situation".

Burawoy meint, dass das, was wie ein Vermächtnis aus der Zeit des Kommunismus aussieht, auch eine Anpassung an die neuen Verhältnisse sein kann. Das alltägliche Handeln der Menschen kann eine Reaktion auf die Unsicherheit sein, welche der Veränderungsprozess hervorruft. Manchmal wirken Verhaltensweisen wie Überreste, weil sich AkteurInnen der Symbole und Sprache bedienen, die sie aus der Zeit vor dem Umbruch übernommen haben und sie mit einem neuen Sinn versehen. Das bedeutet nicht, dass sie sich an keine andere Lebensform anpassen können. Der Zusammenbruch der Makrostruktur lässt auf der Mikroebene Verhaltensweisen und Anpassungsmechanismen entstehen. Das Ende des Staatssozialismus brachte für alle – egal ob sie in diesem Ende eine Chance oder Risiko sahen - massive Veränderungen in der Verteilung und Konsumption, der Definition von Eigentum und im staatlichen Wohlfahrtssystem. Individuen reagieren auf die geänderten Regeln, indem sie ihre Handlungsspielräume nutzen um ihre Situation zu verbessern. Sowohl Innovation als auch „Rückkehr zum Sozialismus" sind zumindest mit der gleichen Wahrscheinlichkeit Antwort auf die unsichere Situation, wie sie „Erbe des Kommunismus" sein können (vgl. Burawoy/ Verdery 1999: 2f).

5.1.3 Mentale Barrieren und wirtschaftliche Zusammenarbeit

Mentale Barrieren in der grenzüberschreitenden Zusammenarbeit sind Vorurteile und Vorbehalte, die sich auf die oben beschriebene „kulturelle Differenz" oder auf das „Erbe des Kommunismus" beziehen und häufig zur Abwertung „der Anderen" verwendet werden. *„mentale Barrieren - das Thema ist ausgelutscht, das will niemand mehr hören"*[12] - so oder ähnlich wurde reagiert wenn in der Konzeptphase von Modul 4 Maßnahmen zum Abbau von mentalen Barrieren angesprochen wurden. Auf die Frage, ob mentale Barrieren in der Grenzregion seit dem EU Beitritt von Ungarn weitgehend verschwunden sind oder ob sie weiterhin eine Rolle spielen, gibt es widersprüchliche Aussagen, je nach Wahrnehmung und Interessenslage. In meinem Material gibt es ausreichend Hinweise auf zweiteres. Unterschiede werden zur Abwertung verwendet. Das unausgesprochene „ihr seid nicht so gut wie wir" zeigt sich in der Praxis der Zusammenarbeit und in der Art wie übereinander geredet wird.

Zum Abschluss dieses Abschnitts stelle ich Überlegungen an, warum es in der regionalen wirtschaftlichen Zusammenarbeit sinnvoll ist, diese mentale Barriere zu leugnen und warum es für ArbeitnehmerInnen Sinn macht, diese aufrecht erhalten zu wollen.

Austausch aus gleichrangiger Sicht ist nicht vorstellbar
Im Projekt LAGERA zeigte sich rasch, dass Austausch aus gleichrangiger Sicht und die Möglichkeit durch Austausch voneinander zu lernen, abgelehnt werden. Ein Unternehmer verlässt bei einer Informationsveranstaltung empört den Saal und schimpft im Gehen *„die sollen von uns was lernen"*[13]. Niemand widerspricht ihm. „Gleichrangiger Austausch" wird früh im Projektverlauf von LAGERA aus dem Programm gestrichen. Dass Erfahrungsaustausch aus gleichberechtigter Sicht mit dem Ziel, voneinander zu lernen, kaum denkbar ist, zeigt ein anderes Beispiel.[14] Die steirische Landesinnung der Konditoren organisierte 2004 einen Erfahrungsaustausch mit polnischen Konditorbetrieben. Ein Konditor und Caféinhaber aus Bruck/Mur nahm als einziger daran teil und besuchte mit zwei Mitarbeitern wiederholt

---

[12] Herr W in seiner Rolle als Projektträger bei einer Konzeptbesprechung
[13] Informationsveranstaltung WIFI Neunkirchen
[14] Telefonat mit dem Inhaber der Café Konditorei M. in Bruck/Mur im Oktober 2005

Betriebe in Polen. Er beurteilte die Reise sehr positiv, er habe neue Anregungen und Rezepte bekommen, die er mit Erfolg in sein Programm aufgenommen habe. Er war beeindruckt von der Aufbruchstimmung und der Innovation, die er in Polen erlebte. Nach einem Pressebericht in den lokalen Medien über seine Reise nach Polen tauchte aber das Gerücht auf, er würde in Ungarn produzieren lassen. Er hatte gegen die üble Nachrede zu kämpfen, dass er billige Produkte „aus dem Osten" als seine eigenen ausgebe und beschloss, nicht mehr über seine Kontakte zu polnischen Kollegen und Betrieben zu sprechen. Die KundInnen fragten misstrauisch nach und von seinen lokalen BerufskollegInnen wurde er beschuldigt, unlauteren Wettbewerb zu betreiben. Es ist nicht vorstellbar, dass jemand betriebliche Kontakte zu einem östlichen Nachbarland sucht, um von den anderen lernen. Zwischen Ungarn und Polen wird nicht differenziert, „der Osten" ist ein homogener Raum.

Versteckte und offene Abwertung in der Interaktion
In der Interaktion und im Gespräch von ungarischen und österreichischen TeilnehmerInnen ist die Abwertung hinter einer freundlichen Miene versteckt. Beim Workshop fällt es den ungarischen Teilnehmenden leichter, positive Seiten an ÖsterreicherInnen im Allgemeinen und an Gruppenmitgliedern im Besonderen zu nennen. Die TeilnehmerInnen erhielten am Vormittag den Auftrag, jeweils eine Person aus dem anderen Land zu beobachten, kennen zu lernen und heraus zu finden, welche Stärken diese hat. Am Ende des Tages wurden die Ergebnisse vorgestellt. Die ungarischen Teilnehmenden sahen tendenziell mehr Stärken an ihren österreichischen KollegInnen, während manche österreichische TeilnehmerInnen keine Stärken nennen konnten und –entgegen der Fragestellung – auch Schwächen und Vorschläge zur Änderung nannten.

Auch am Ende des Auswertungsgespräch von H. und G. wird, zwar freundlich formuliert, gesagt „ihr müsst anders werden, damit ihr gut genug seid." Bei einzelnen TeilnehmerInnen wird sichtbar, dass Probleme in der täglichen Zusammenarbeit zu einer abwertenden Haltung gegenüber „der Arbeitshaltung der Ungarn" führen.

Im Gespräch mit anderen österreichischen KollegInnen wird die Abwertung deutlicher. Hermann verwendet Ausdrücke wie *„die Hundling", „hat den Finger in der*

Nasen drin" (wenn er arbeiten sollte - Anm. d. Verfasserin), wenn er über seine ungarischen KollegInnen oder die UngarInnen allgemein spricht.

Regionale Zusammenarbeit
Innerhalb der EU soll Innovation, nachhaltiges Wachstum und Entwicklung durch Zusammenarbeit der wirtschaftlichen und sozialen Akteure entstehen und es gibt sowohl im nationalen als auch im grenzüberschreitenden Bereich Initiativen und Projekte. Vor und nach dem EU Beitritt Ungarns wurden aus dem EU Fonds Interreg IIIA Projekte gefördert, die dem Ziel eines *„wirtschaftlich, sozial und kulturell integrierten Grenzraums"* (Url 9) dienen sollten. Im Programm wurde *„die Vision einer integrierten Regionalwirtschaft, des sozialen Zusammenhalts und der guten nachbarschaftlichen Beziehungen (ebenda)"* verbreitet. Es wird betont, die Aufgaben der Zukunft seien Kooperation und Aufbau von Vertrauen. Die grenzüberschreitenden wirtschaftlichen, sozialen und kulturellen Kontakte sollen intensiviert werden. Der Fokus liegt auf der Zusammenarbeit von Institutionen, Unternehmen und privaten Initiativen und dem Aufbau von gemeinsamen Strukturen.

In Programmen und Projektbeschreibungen kommt das Thema „mentale Barrieren und Vorbehalte" nicht vor. Die AkteurInnen wählen die Strategie, die öffentliche Aufmerksamkeit auf den Aufbau von gemeinsamen Strukturen und auf die Zusammenarbeit zu richten, anstatt über die Hindernisse zu sprechen.

Regionale Konkurrenz
Gegen welche Bedrohung brauchen die österreichischen ArbeitnehmerInnen in der Grenzregion eine Barriere als Schutz? Für ArbeitgeberInnen ist das größere Angebot an qualifizierten Fachkräften ein Vorteil. Für Menschen auf beiden Seiten der Grenze kann sich die EU als „global force" im Sinne von Gille (siehe 3.1.1.) darstellen und Einschränkungen, Einsparungen und weniger Handlungsspielraum bedeuten. Für die betroffenen ArbeitnehmerInnen in Österreich beinhaltet der gemeinsame Arbeitsmarkt das Risiko von stärkerer Konkurrenz und Lohndumping.

Für die Techniker von G. kann der Arbeitsmarkt in der EU nach dem Ablauf der Übergangsfrist eine „global connection" im Sinne von Gille darstellten. Im Wettbewerb am EU Arbeitsmarkt haben sie als junge Fachhochschulabgänger mit Fremdsprachenkenntnissen die besseren Voraussetzungen als ihre Kollegen von H.. Die neoliberalen Arbeitstugenden „Flexibilität, Selbstwirksamkeit und Motivation" für sich selbst in Anspruch zu nehmen und gleichzeitig den „Anderen" abzusprechen ist eine Strategie, die Konkurrenz abzuwehren. Auch die TextilarbeiterInnen stehen in Konkurrenz zueinander. Zumindest vorübergehend, denn mittelfristig wird die Produktion an Standorte mit noch billigeren Lohnkosten ausgelagert. Die Qualitäten „fehlerfreie Produktion und Termintreue" sind ein Argument für Produktionsstätten in Österreich.

Bei einer Informationsveranstaltung für Unternehmen, die an Kooperation mit Ungarn und an einer Teilnahme am MitarbeiterInnenaustausch interessiert sind, ist eine Unternehmerin eingeladen, deren Firma einen Tochterbetrieb in Tschechien hat. Sie berichtet über ihre Erfahrungen. Die Löhne seien niedriger und die Produktivität auch, insgesamt würde es sich für ihren Betrieb aber lohnen, in Tschechien zu produzieren. *„Der Materialschwund ist auch höher als bei uns"* sagt sie[15], als sie nach interkulturellen Schwierigkeiten gefragt wird. Sie sagt nicht *„sie stehlen, weil sie es im Kommunismus so gelernt haben"*. Die Aussage lässt die Interpretation „Diebstahl durch Mitarbeiter" zu, ohne es aussprechen zu müssen.

5.2 Machtungleichheit

Die Machtverhältnisse werden auf unterschiedlichen Ebenen geschaffen und aufrecht erhalten. Individuen haben ungleiche Verdienstmöglichkeiten, bekommen unterschiedlich viel Information und die nationalen Wirtschaftsräume haben unterschiedliche Rollen im globalen Kapitalismus. Dieser Machtunterschied zeigt sich auch in der Art, wie mit Nationalsprache umgegangen wird und in der täglichen Zusammenarbeit.

5.2.1 Arbeitsmarkt

Nach einer Studie von L&R Sozialforschung[16] hatte 2003 ein Drittel der Unternehmen im Ostösterreichischen Grenzgebiet zu Ungarn Kooperationen mit ungarischen

---

[15] Frau L bei der Infoveranstaltung im WIFI Mödling
[16] Bericht: Unternehmensstrategien und grenzüberschreitende regionale Integration. Wien 2003. Im Rahmen des Interreg IIA Projekts „österreichisch- ungarische ExpertInnenakademie" erstellt.

(Komitate Györ-Moson-Sopron, Vas, Zala - Westtransdanubien) Unternehmen. Die österreichischen UnternehmerInnen gaben an, dass sie neue Märkte erschließen und den Vorteil der niedrigeren Lohnkosten für Lohnfertigung nutzen wollen. Dieser Vorteil schwand bereits 2003 und von einigen wurde eine Verlegung der Produktion in Richtung Osten angedacht (vgl. L&R: 18). Weiterhin eine große Ressource sind die gut ausgebildeten Fachkräfte. Vor allem im technischen Bereich gibt es in der österreichischen Grenzregion Fachkräftemangel.

Als strukturschwache Regionen können das Burgenland und die Oststeiermark von staatlichen und EU Förderungen profitieren, während Westtransdanubien *„wegen der Konzentration staatlicher Unterstützungen auf das wirtschaftlich stark benachteiligte Ostungarn immer weniger Förderangebote der öffentlichen Hand"* (ebda: 21) bekommt. Westtransdanubien gehört zu den wirtschaftlich stärksten Regionen Ungarns, die österreichische Grenzregion liegt unter dem österreichischen Durchschnitt. Die im Landesvergleich schwache Region in Österreich hat im Vergleich zu der im Landesvergleich starken ungarischen Region trotzdem ein weit höheres BIP: das BIP pro Einwohner zu Kaufkraftstandard lag 2006 in Ungarn bei 63% des EU Durchschnitts, während es in Österreich bei 126% lag (WKO, Url 10).

In Westtransdanubien gibt es ein starkes Engagement ausländischer Investoren. Seit 1998 genießen ausländische Investoren den vollen Schutz des Eigentums, die freie Gewinn- und Kapitalrepatriierung und die Gleichstellung mit InländerInnen. Für ArbeitnehmerInnen gibt es die volle Freizügigkeit, welche eine der Grundwerte der EU ist, erst nach einer siebenjährigen Übergangsfrist nach dem EU Beitritt. Österreich ist nach Deutschland und Niederlande der drittgrößte europäische Investor in Ungarn. Ein Drittel aller Beschäftigten in der Privatwirtschaft arbeitet für ausländische Firmen (AußenwirtschaftsCenter, Url 11)[17]. Das bedeutet, dass ausländisches Kapital in der Schaffung von Arbeitsplätzen eine wichtige Rolle spielt, und dass eine Abhängigkeit besteht. Es besteht eine Machtasymmetrie zwischen „westlichem Kapital" und „östlicher Arbeitskraft". Während westliche Investoren den ungarischen Markt schon lange für sich nutzen können, haben ungarische ArbeitnehmerInnen erst ab Mai 2011

---

[17] WKO AußenwirtschaftsCenter Budapest, Vortrag von Inghild Rumpf, 11/2011

die Möglichkeit, von den höheren Lohnkosten und der Nachfrage nach qualifizierten Fachkräften in Österreich zu profitieren.

Gehaltsunterschiede

Szende, die ungarische Mitarbeiterin der Näherei, wohnt nur wenige Kilometer vom österreichischen Werk entfernt und hätte theoretisch als Tagespendlerin von den höheren Löhnen in Österreich profitieren können.

Die drei Techniker von G. sind als qualifizierte Fachhochschulabgänger mit Englisch- und Deutschkenntnissen auf den Arbeitsmärkten in beiden Regionen nachgefragt, sie entsprechen formal den Erfordernissen des neoliberalen Arbeitsmarktes. Im Projektzeitraum beträgt ihr Gehalt ca. ein Drittel ihrer österreichischen Kollegen, der als Techniker über einen HTL Abschluss verfügt[18].

Laut IGR (grenzüberschreitende gewerkschaftliche Zusammenarbeit) ist die Lohndifferenz Österreich: Ungarn 1:3 bis 1:5 (IGR, Url 11). Die Lebenshaltungskosten sind in manchen Bereichen gleich hoch wie in Österreich. István sagt, dass die Menschen in Österreich viel ruhiger wirken, weil sie offensichtlich materielle Sicherheit haben. Könnte er auch sagen, „es macht mich wütend dass ich mit meiner guten Ausbildung und mit meiner qualifizierten Arbeit nicht genug verdiene, um mein Auslangen zu finden?" In einer Umgebung, in der materieller Erfolg den Tüchtigen zugeschrieben wird und in der das Individuum selbst für seine Lebensumstände verantwortlich gemacht wird, ist es nicht sinnvoll, sich als jemand zu outen, der zu wenig verdient.

Informationsfluss

In der Kooperationsübung im Workshop hat sich gezeigt, dass Engagement und Beteiligung abnehmen, wenn es weniger Informationen über die Arbeitsaufgabe gibt. Die Betroffenen bestätigten, dass sie im beruflichen Alltag an Informationsmangel leiden. Im Projekt insgesamt ist ein Ungleichgewicht an Information festzustellen. Es waren die österreichischen Betriebe, die über eine Teilnahme am Projekt entschieden. Die teilnehmenden ungarischen MitarbeiterInnen werden von der Betriebsleitung in Österreich informiert. Zuerst wurden ihnen die Informationen in Deutsch gegeben, erst im späteren Projektverlauf auch in Ungarisch.

---

[18] informelles Gespräch mit Geschäftsführer von H.

Es wurde keine Broschüre verteilt, die den UngarInnen die kulturellen Besonderheiten der ÖsterreicherInnen erklärt.

5.2.2 Sprache

Machtungleichheit und Dominanz werden auch in Bezug auf den Umgang mit der Landessprache sichtbar. Obwohl die ungarischen ProjektteilnehmerInnen mehr Fremdsprachenkenntnisse aufweisen als ihre österreichischen KollegInnen, sind sie in der Kommunikation benachteiligt. Im Kontakt von österreichischen und ungarischen MitarbeiterInnen wurde ausnahmslos und ohne Absprache deutsch verwendet, auch wenn alle Beteiligten englische Sprachkenntnisse hatten. Die ungarischen ProjektteilnehmerInnen sprechen neben ungarisch auch deutsch und englisch. Sie sind in der Kommunikation trotzdem benachteiligt, da sie in der Zusammenarbeit mit österreichischen KollegInnen und Vorgesetzten nicht in ihrer Muttersprache kommunizieren können.

Renate sagt über die Unterschiede in der Art und Weise wie Anweisungen gegeben werde und Kritik geübt wird:

> *In Österreich wird mehr diskutiert, in Ungarn ist der Dolmetscher oft gleichzeitig Werksleiter bzw. Assistentin des Werkleiters oder eine andere Führungskraft und wenn ich die Arbeit einer Näherin kritisiere, wird nicht viel diskutiert, sondern sofort akzeptiert und ausgebessert.*

Die Sprachbarriere bringt für die ungarischen Näherinnen auch ein größeres Hierarchiegefälle. Wenn sie sich gegen Kritik wehren möchten oder eine Anweisung hinterfragen wollen, können sie das nicht bei einer in der Hierarchie nur wenig über ihnen stehenden Kollegin machen, wie das in Österreich der Fall ist, sondern müssen sich mit dem Werksleiter oder seiner Assistentin auseinandersetzen. Renate hat Grundkenntnisse in ungarisch, beim Workshop hat sie diese aber nicht verwendet. Das kann daran liegen, dass sie schüchtern ist. Aber sie leistet damit auch einen Beitrag zum Aufrechterhalten des Machtverhältnisses. Eine Gruppe, die sich in „der Sprache" perfekt ausdrücken kann, steht der anderen gegenüber, welche „die Sprache" nicht so gut beherrscht. Der Machtunterschied zwischen den Unternehmen wird durch die Sprachbarriere noch verstärkt.

Szende spricht sehr gut deutsch, versteht aber den lokalen Dialekt nur schwer. Im Gespräch mit ihr verwendet Helga gutes Hochdeutsch. Einige Frauen in der Produktion und in der Zentrale sprechen ungarisch, zB. weil sie Angehörige der ungarischen Minderheit in Österreich sind oder familiäre Kontakte in Ungarn haben. Das Werk Oberpullendorf liegt nahe der ungarischen Grenze, Oberpullendorf ist eine der beiden ungarischen Sprachinseln im Burgenland. Ungefähr 4.000 Personen bezeichnen sich selbst als Angehörige der ungarischen Volksgruppe, ca. 10.000 BurgenländerInnen sprechen ungarisch, seit 1989 gibt es wieder verstärkt ungarischsprachige Kindergärten und Schulen. In Teilen des Nordburgenlandes betrug 1921, vor dem Anschluss des Burgenlandes an Österreich, der Anteil der Ungarischsprachigen 50%. Ungarisch und Deutsch waren die Kommunikationssprachen. In der Zwischenkriegszeit herrschte eine starke deutsch-nationale Gesinnung, die ungarische Sprache wurde aus der Öffentlichkeit verdrängt (Baumgartner, Url 12).

Die Firmenleitung nimmt die ungarische Sprachkompetenz nicht wahr, diese wird in einem Unternehmen, das in Ungarn lohnfertigen lässt, als unwichtig dargestellt. Der Personalchef gibt im Interview an, dass es keine MitarbeiterInnen bei T. gibt, die ungarisch sprechen. Eine Sprache (ungarisch) wird unsichtbar gemacht und als unwichtig dargestellt, während die andere (deutsch) Voraussetzung für leitende Positionen in ungarischen Unternehmen ist, wenn diese in österreichischen Besitz sind oder Lohnfertigung im österreichischen Auftrag durchführen.

Einige österreichische MitarbeiterInnen sind sich der Sprachdifferenz bewusst und passen sich in der Kommunikation an. Andere sprechen im Dialekt und verwenden eine abwertende Sprache.

5.2.3 Machtunterschiede in der Zusammenarbeit

Die Eigentumsstrukturen bestimmen die Zusammenarbeit. *„Ja, weil um Anweisungen zu geben, muss man eine bestimmte Position innehaben und die haben die Ungarn nicht. Ein Ungar müsste schon sehr viel besser sein, damit er Anweisungen geben kann"*, sagt Renate auf die Frage nach dem Unterschied, wenn eine Anweisung in ihrem Betrieb von einer Österreicherin/einem Österreicher oder von einem Ungarn/einer Ungarin kommt. Sie unterstreicht die Hierarchie durch die Aussage *„wenn* *man wo neu ist, muss man sich seine Position erst erarbeiten"*. Dabei bezieht sie sich nicht auf eine bestimmte Mitarbeiterin, sie teilt den Ungarn die „neu" in der EU und relativ „neu" im kapitalistischen Wirtschaftssystem sind, einen Platz zu. Ähnlich wird die Situation bei H. beschrieben. Anweisungen von Österreichern an Ungarn[19] seien klar und eindeutig, solche von Ungarn an Ungarn hingegen weich und freundschaftlich, werden aber nur ungenau befolgt. Dass auch die Anweisungen der Österreicher nicht immer befolgt werden und dass es deshalb häufig Konflikte gibt, wird an dieser Stelle nicht erwähnt. Anweisungen von Ungarn an Österreicher gäbe es in der Praxis nicht.

Im Projekt LAGERA gab es von den InitiatorInnen die Erwartung, dass es zu einem Austausch aus gleichrangiger Sicht kommen soll. In der Konzeptphase war dieser Anspruch implizit, wir gingen selbstverständlich von gleichrangigem Austausch aus und blendeten die Machtverhältnisse aus.

Rückständigkeit der Anderen und die eigene Überlegenheit werden nicht nur in Bezug auf die Arbeitsweise unterstellt, die Länder insgesamt werden mit diesen Zuschreibungen versehen.

Fazit

Gleichberechtigter Austausch kann nur stattfinden, wenn die Beteiligten strukturell gleich mächtig sind oder wenn der Machtunterschied benannt wird. Das wurde von den ProjektinitiatorInnen nicht erkannt. Das Beharren auf „Gleichberechtigung" führte zu Konflikten und Irritationen. Die Projektträger reagierten professionell mit der Einführung des Kulturbegriffs. Dieser machte es möglich, die Machtunterschiede auszublenden und eine Erklärung für die Differenz zu geben.

Die Unterlegenen in dieser Machtasymmetrie leisten keinen offenen Widerstand. Dafür gibt es zwei mögliche Interpretationen: die machtlosere Gruppe akzeptiert ihre Situation als normal zB. auf Grund einer vorherrschenden Ideologie. Die zweite Auslegungsmöglichkeit ist, dass der relative Frieden nicht auf Zustimmung und

---

[19] Die Mitarbeiter und der Geschäftsführer von H. sprachen ausschließlich von Männern, diese Art der Darstellung wird hier bewusst übernommen

Kooperation beruht, sondern die Unterdrückten Mittel und Wege finden, ihren Unmut aus zu drücken, ihre Würde zu bewahren oder ihre Lebensumstände zu verbessern (vgl. Scott 1990: 39f). Im nächsten Kapitel werden Situationen beleuchtet, die auf zweite Möglichkeit hinweisen.

5.3 Widerstand der Machtloseren

Das Selbst der Machtloseren hat im lauten Diskurs des Otherings eine leise Stimme, aber es hat eine Stimme. James C. Scott zählt die Waffen der Machtloseren, denen offener Widerstand nicht möglich ist, auf: Verzögerungstaktik, Verheimlichung, falsche Einwilligung, Diebstähle durch Angestellte, gespielte Ahnungslosigkeit, Verunglimpfung, Sabotage usw. Diese Formen des Widerstands benötigen wenig Koordination und vermeiden direkte oder symbolische Konfrontation (vgl. Scott 1990: 29). Was Scott als alltäglichen Widerstand der Bauern in Malaysia gegen jene, die Steuern, Arbeitsleistung, Zinsen und Miete eintreiben, beschreibt, findet sich in der Zusammenarbeit der beschriebenen österreichischen und ungarischen Unternehmen und ihren MitarbeiterInnen wieder: Die Betroffenen fügen sich nur scheinbar. In beiden Fällen ist auf Grund der Machtunterschiede eine offene Konfrontation nicht möglich oder erscheint nicht sinnvoll für die AkteurInnen. Alltagswiderstand tritt meist nicht kollektiv und öffentlich auf, wenn er in maskierter Form passiert, werden direkte Konfrontation und Strafe vermieden. Er muss nicht von Prinzipien geleitet und selbstlos sein und muss keine revolutionären Folgen haben oder die Basis der Dominanz angreifen. Individuelle, unorganisierte Handlungen können gesetzt werden, um das erfahrene Unrecht zu rächen und um die eigene Position zu verbessern (vgl. Scott 1990: 292). Scott warnt davor, den Alltagswiderstand zu romantisieren, die Betroffenen machen, was sie können, aber die Handlungen beeinflussen kaum die Ausbeutung (ebenda: 30).

Im folgenden werden Situationen und Verhaltensweisen beschrieben, die man als stillen Widerstand interpretieren kann. Es geht nicht nur um den Kampf um materielle Güter sondern auch um die Aneignung von Symbolen und die Interpretation der eigenen Geschichte. Das Schwierige am Auffinden von Formen des versteckten Widerstands ist, dass Handlungen heimlich ausgeführt werden, um Sanktionen zu vermeiden. Es geht um das Auffinden von Hinweisen, ohne eine endgültige Sicherheit oder die Rückmeldung der AkteurInnen zu erhalten, dass es sich um bewussten Widerstand handelt.

5.3.1 Unpünktlichkeit

Die drei Mitarbeiter von G. reisen in der Früh aus Nagykanisza zum Workshop an. Ihre Fahrzeit beträgt vier Stunden für eine Strecke. Die österreichischen Mitarbeiter hätten sich wahrscheinlich gegen eine Reisezeit von insgesamt acht Stunden zu einer von der Firma angeordneten Veranstaltung offen gewehrt. Wenn man die An- und Abreise und die Veranstaltungsdauer zusammenzählt, kommt man auf eine Stundenanzahl, die nach dem österreichischen Arbeitszeitgesetz nicht erlaubt ist. Auch bei erhöhtem Arbeitsbedarf darf die tägliche Arbeitszeit zehn Stunden nach österreichischem Arbeitszeitgesetz, zwölf Stunden nach ungarischem, nicht überschreiten (Arbeitszeitgesetz, Url 13). ArbeitgeberInnen haben darauf zu achten, dass die Arbeitszeiten eingehalten werden. Die Reisezeit hat sich durch das Nichtbenutzen der österreichischen Vignettenpflichtigen Autobahn um ungefähr eine Stunde pro Wegstrecke verlängert.

Die drei Techniker von G. bekamen den Auftrag zur Dienstreise von der österreichischen Zentrale, sie haben sich nicht widersetzt. Die Verfasserin geht davon aus, dass die drei Mitarbeiter als junge Absolventen von Fachhochschulen über die Ressourcen verfügen, eine derartige Reise mittels Routenplaner so zu planen, dass sie rechtzeitig ankommen. *„Wir konnten die Autobahn nicht benutzen, da wir nicht wussten, ob die Firma uns die Kosten für die Vignette ersetzt,"* sagen sie, als sie verspätet eintreffen. Sie kommen eine Stunde zu spät und melden ihre Verspätung nicht telefonisch, bzw. lassen diese nicht melden. Als Grund für ihre Verspätung geben sie an, dass sie auf Landstraßen gereist seien. István sagt freundlich lächelnd die Straßen seien schlecht und dass das Auto kaputt gehen würde, wenn man zu schnell fährt. Sie haben mehrfachen Grund, den Workshop durch unpünktliches Erscheinen zu sabotieren: anders als ihre österreichischen Kollegen wurden sie erst sehr spät mit organisatorischen und inhaltlichen Informationen versorgt. Ein paar Tage vor dem Workshop stellte meine Kollegin im Telefonat mit den Mitarbeitern von G. fest, dass diese kaum Informationen über Ziel und Absicht dieses Seminartages haben. Sie hatten eine Einladung per Fax in deutsch erhalten, dieser keine Bedeutung zugemessen und wurden von einem österreichischen Vorgesetzten informiert, dass sie zu einem Seminar fahren müssen. Der Vorgesetzte war selbst nicht informiert über Inhalt und Zweck. Hinter der Maske der Zustimmung drücken die drei Techniker ihren Unmut über die angeordnete Dienstreise durch Verspätung aus.

Eine andere Form, sich für ungerechte Behandlung zu rächen, ist Zeitverzögerung. Scott geht davon aus, dass die Art und Weise, wie Arbeitsleistung kontrolliert wird, die Form des Widerstands bestimmt (ebenda: 34). Wenn es ein Zeiterfassungssystem wie im Falle von G. gibt, ist eine Möglichkeit, das Unternehmen zu schädigen, langsam zu arbeiten oder Fehler zu machen.

„Du machen fertig bis 10 Uhr, marsch gemma[20]*"*- mit dieser Anweisung möchte Hermann erreichen, dass der Mitarbeiter in der Produktion schneller arbeitet und die Produkte termingerecht fertig werden. Es ist unwahrscheinlich, dass er mit dieser Anweisung Zustimmung erzeugt. Der ungarische Mitarbeiter kann den Konflikt nicht austragen. Wenn Produkte nicht termingerecht geliefert werden, hat H. ein Problem mit den Endabnehmern. MitarbeiterInnen können gerade so viel arbeiten, dass es ihnen nicht als Sabotage ausgelegt werden kann. Sie können sich mit anderen, weniger dringenden Aufgaben beschäftigen oder fehlerhaft arbeiten.

In der Näherei werden die Mitarbeiterinnen nach Stückzahl entlohnt. Wenn sie das Unternehmen schädigen wollen, können sie das durch scheinbar unbeabsichtigte Fehler in der Produktion machen. Renate erzählt im Interview, dass es öfters vorkommt, dass sie dringend auf eine Lieferung wartet, dies bekannt gibt und dann bemerkt, dass die Näherinnen an einer anderen, weniger dringenden Lieferung arbeiten. Was sie resignierend als „andere Mentalität" interpretiert, kann auch Ausdruck von Widerstand der Gruppenleiterin sein.

5.3.2 Fehlende Kommunikation und Aktivität

„The rich have the social power generally to impose their vision of seemly behavior on the poor, while the poor are rarely in a position to impose their vision on the rich" (Scott 1990: 24). Das „geziemende Verhalten im Arbeitsalltag" und die Definition von

---

[20] Hermann im Interview

Abweichung wird einseitig festgelegt. Unter der Oberfläche der Regeltreue und Fügsamkeit haben die AkteurInnen die Möglichkeit, sich zu widersetzen indem sie ihre Arbeitskraft nicht im Sinne der Firmenziele voll einsetzen.

Szende sagt im Beisein ihrer Kollegin nicht, dass es ein Übersetzungsfehler ist, der zu wiederholten Fehlern in der Produktion führt. Sie spricht im Gegensatz zu ihren österreichischen Kolleginnen ungarisch und deutsch. Für sie wäre es einfach, bei jeder Anleitung zu überprüfen, ob der Ausdruck „rechte bzw. linke Stoffseite" korrekt ins Ungarische übersetzt wurde. Damit könnte sie Fehlproduktionen verhindern. Es ist aber nicht explizit als ihre Aufgabe definiert, sich um Übersetzungsfehler in der Methodenbeschreibung zu kümmern.

András macht keine Druckprobe, weil das Manometer nicht da ist. Während seiner Anwesenheit im österreichischen Werk konstruiert er ein Gerät laut Anweisung von Christian. Um festzustellen, ob das Gerät ordnungsgemäß funktioniert, müsste er eine Druckprobe machen. Christian interpretiert das Verhalten von András, dieser getraue sich nicht nach dem Manometer zu fragen. Üblicherweise obliegt in der Zusammenarbeit von H. und G. den Mitarbeitern von H. die letztendliche Qualitätskontrolle.

Es gibt bei G. keine individuellen Lohnerhöhungen bei besonders guter Leistung. Hermann sagt im Interview, dass es zwar einzelne MitarbeiterInnen gäbe, die sehr gut arbeiten. Wenn er diesen eine Lohnerhöhung gewähren würde, würden alle anderen auch eine verlangen und das könne sich das Unternehmen nicht leisten. András hat also keine Chance, seine Einkommenssituation durch besonderes Engagement oder Leistung zu verbessern. Andrerseits besteht das Risiko, dass er seine Arbeit als überprüft und korrekt an Christian abgibt und dieser einen Fehler findet. Mit seiner Entscheidung, die Druckprobe nicht zu machen, hält er absichtlich seine Arbeitskraft zurück, er spart seine Zeit und Energie und vermeidet das Risiko, dass ihm ein Fehler nachgewiesen werden kann. Und er kann seiner Kritik an der ungleichen Entlohnung bei H. und G. ein Ventil geben.

„...dadurch dass die Leute mit uns nicht reden wollen, gehen so viel Sachen unter, verlieren wir Know-how, Termine werden verschlampt, es kommen keine klare Anweisungen für Produktionen, ich würde mal sagen, das kostet uns wirklich schwei-

neviel Geld," beklagt sich Hermann. Ein großes Problem für H. sind Lieferverzögerungen. Diese werden von G. erst kommuniziert, wenn der Liefertermin überschritten ist, obwohl sie frühzeitig bekannt sind. Die Verantwortlichen bei G. kündigen nicht an, dass es zu Verzögerungen in der Produktion kommen wird, obwohl sie es aufgrund einer fehlenden Materiallieferung vorhersehen können. Sie können sich nicht offen gegen die Regelung wehren, immer den billigsten Lieferanten wählen zu müssen. Aber sie können die Konsequenzen dieser Regelung, die ihnen vom Geschäftsführer von H. vorgeschrieben wurde, für H. so unangenehm wie möglich machen.

Christian sagt im Interview auf die Frage, wie er die Stimmung zwischen den beiden Betrieben beschreiben würde: *„ich bin immer noch der Überzeugung, dass es denen total unangenehm ist, dass wir sie gekauft haben, und dass wir jetzt quasi die Handhabe in irgendeiner Weise haben. Sie wollen ein freier Betrieb sein und sind es aber nicht."*

Wenn Widerspruch nicht möglich ist, kann demonstratives Nichtzustimmen eine Möglichkeit sein, die eigene Position zu vertreten. Am Ende der Kooperationsübung antworten die drei Mitarbeiter von G. nicht auf die Frage, ob sie mit der Lösung einverstanden sind. Damit sabotieren sie das erfolgreiche Ende der Übung. Diese ist laut Anweisung erst beendet, wenn alle Teilnehmenden der Lösung zustimmen.

Eine andere Möglichkeit, auf versteckte Art die Autonomie zu bewahren ist, gegen Vorschläge des österreichischen Assistenten des Geschäftsführers zu stimmen.

5.3.3 Symbolische Handlung als Widerstand

Hermann will die Weihnachtspause bei G. so gestalten, dass zwischen Weihnachten und Neujahr die Firma drei Tage länger geschlossen bleibt, ohne dass Urlaubstage konsumiert werden müssen. Dazu müssten vor den Feiertagen Überstunden gemacht werden. In einer Besprechung mit den Betriebs- und Abteilungsleitern will er abklären, ob das Produktionstechnisch möglich ist und ob die MitarbeiterInnen mit dieser Regelung einverstanden sind. Ein Betriebsleiter hat eine andere Einschätzung als Hermann über das anstehende Auftragsvolumen und damit über die benötigte Arbeitszeit. Hermann hat die gemeinsame Besprechung einberufen, um zu beweisen, dass die Berechnungen des Betriebsleiters falsch sind. Einige Abteilungsleiter tendieren zuerst dazu, der Regelung von Hermann zu zustimmen, lehnen diese dann aber doch ab. Hermann ist verärgert, dass sein gut gemeinter Vorschlag nicht angenommen wurde. Er wirft dem Betriebsleiter vor, das Auftragsvolumen falsch zu berechnen und unflexibel zu sein.

Der Betriebsleiter hat auf einem Terrain gesiegt, wo es auf den ersten Blick nichts zu gewinnen gibt. Der Sieg in der Abstimmung, der durch die Solidarität der Abteilungsleiter erreicht wurde, ist eine Möglichkeit, die Eigenständigkeit in der Betriebsführung zu zeigen. Gleichzeitig kann das Misstrauen gegenüber der österreichischen Geschäftsführung ausgedrückt werden.

Fazit
„Ungarn .... pflegen einen liebenswürdigen Umgangston, der auch in schwierigen Situationen beibehalten wird .... neigen zu einem indirekten Kommunikationsstil", heißt es in der interkulturellen Broschüre (Personal & Internationales Know-how: 66). Was als kultureller Unterschied interpretiert wird, kann auch eine strategisch sinnvolle Art sein, das Nichtzustimmen zu zeigen. Nach Scott ist der Erfolg des Widerstands oft direkt proportional zu der symbolischen Zustimmung, durch die er maskiert wird (Scott 1990: 33).

5.4 Die Rolle der InterkulturalistInnen

In diesem Kapitel geht es um den Beitrag der InterkulturalistInnen bei der Beschreibung und der Konstruktion von Differenz. Ich werde meine Tätigkeit als Beraterin mit der Kritik von Dahlen an Markt, Kulturkonzept und BeraterInnenidentität der InterkulturalistInnen reflektieren.

5.4.1 Der Markt

Der Markt beeinflusst die Konzepte, er formt das Wissen und das Verhalten der Berater, sagt Dahlen. Er spricht vom Markt als homogenes unveränderliches Wesen. Im Fall von LAGERA war „der Markt" sehr ähnlich wie der von Dahlen beschriebene. Ist der Markt immer so? Als Vergleich wird ein Gespräch mit dem Personalverantwortlichen der Holding einer österreichischen Bank herangezogen, die seit einigen Jahren Geschäftsbeziehungen und Tochterunternehmen in Ländern Südosteuropas hat.[21] Damit soll aufgezeigt werden, dass bei verändertem „Markt" sich auch die Fragestellungen und der Kulturbegriff ändern. Herr Z sagt, dass kulturelle Unterschiede aus seiner Sicht keine große Rolle spielen. Sein Unternehmen vertritt einen diversitätsorientierten Ansatz, d.h. man versucht Unterschiede und Gemeinsamkeiten im Sinne des Unternehmens gewinnbringend zu nutzen. Herr Z sagt auf die Frage nach den Auswirkungen der Internationalisierung auf ihn und seinen Arbeitsalltag, dass er unter Effizienzverlust bei verlängerter Arbeitszeit und an Informationsdefiziten leide. Die räumliche Distanz der einzelnen Banken bringen lange Autofahrten bzw. Flüge mit sich. Das verlängert die Arbeitstage und gleichzeitig verringert sich die effektive Arbeitszeit. Das erlebt er als anstrengend und frustrierend. Ein weiterer Punkt ist, dass in der Firmengruppe Englisch als Arbeitssprache eingeführt wurde, aber viele MitarbeiterInnen diese Sprache nicht sehr gut beherrschen. Das führe immer wieder zu Missverständnissen und Informationsverlust. Außerdem fällt die Möglichkeit des informellen Austausch fast gänzlich weg durch die Distanz. Man trifft sich nicht einfach bei Besprechungen oder in einer Pause, um Informationen auszutauschen und Probleme zu klären. Herr Z beschreibt Herausforderungen, die durch die Internationalisierung des Unternehmens entstehen, er erklärt die Probleme aber nicht mit kulturellen Unterschieden. Sein Unternehmen hat eine BeraterInnengruppe für die Begleitung des Changeprozesses beauftragt, die mit einem diversitätsorientierten Ansatz arbeitet. D.h. der Markt ist kein homogenes Wesen, es gibt unterschiedliche Konzepte, die nachgefragt werden. Wenn man Nationalkultur nicht für die Schwierigkeiten verantwortlich macht, ergeben sich andere, komplexere Aufgaben, die bearbeitet werden müssen.

Im Fall von LAGERA bestand „der Markt" aus dem Auftraggeber der BeraterInnen, den Finanziers des Projektes, den Geschäftsführern der teilnehmenden Unternehmen und deren MitarbeiterInnen. Auftraggeber war der Regionale Entwicklungsverband als Projektträger von LAGERA, dieser musste Erwartungen von Seiten der Wirtschaft und der Politik erfüllen. Die Präsentation eines erfolgreichen Projektes im Beisein von Landesrätin und Presse war von Beginn an ein wesentlicher Bestandteil

---

[21] Interview Jänner 2008

des Projektplans. Der Geschäftsführer einer teilnehmenden Firmen hatte ein Problem, für das er eine Lösung erwartete. Es war zwar klar, dass das im Rahmen des Projektes nicht möglich sein wird, aber es gab zu wenig teilnehmende Firmen, man musste ihnen Zugeständnisse machen. Ansprüche und Interessen verschiedener Personengruppen und Institutionen sowie deren Art und Weise der Situations- und Problembeschreibung wirken sich auf die Lösungsansätze und die zu Grunde liegenden Konzepte aus.

5.4.2 Das Kulturkonzept

Vorherrschende Diskurse zeigen sich auf der wissenschaftlichen Ebene, als populärwissenschaftlich Grundlage für praktische Konzepte und Anwendungen und in der alltäglichen Praxis der Interaktion und das „Sprechen über" (vgl. Said 2006: 88ff). Der dominante Diskurs im Projekt orientierte sich an Hofstede und seinem Konzept der Kulturdimensionen. Dieser sieht kulturelle Werte als Basis der Kultur, die Verhalten, Haltung und Wahrnehmung beeinflussen. Die nationale Zugehörigkeit bedeutet auch die Zugehörigkeit zu einer Nationalkultur. In der Praxis werden manchmal Personengruppen wie *„die Jungen, Gutausgebildeten"* oder *„die Führungskräfte"* ausgenommen, aber grundsätzlich geht man von homogenen, gleich bleibenden Gruppen aus. Hofstedes Annahme, dass die nationalstaatliche Zugehörigkeit eine mentale Programmierung der kollektiven Software bedeutet, blendet den relationalen und situationalen Charakter von Identitätskonstruktion aus.

Laut Hofstede hat Ungarn im Vergleich zu Österreich einen sehr hohen Machtdistanzindex (vgl. Hofstede: Url 14). Mit dem Unterschied in der Machtdistanz wird erklärt, dass ungarische Mitarbeiter im Vergleich zu österreichischen weniger Eigeninitiative zeigen und dass ein autoritärerer Führungsstil angebracht ist. Kulturell bedingter Kollektivismus ist eine Erklärung dafür, dass über Fehler und Terminverzögerungen, die im eigenen Betrieb verursacht wurden, mit Außenstehenden, d.h. mit Mitarbeitern der Mutterfirma nicht gesprochen wird (ebenda).

Die wissenschaftliche Arbeit wird von BeraterInnen und in Interkulturellen Broschüren herangezogen, welche die Bedürfnisse ihrer Auftraggeber und Zielgruppe erfüllen wollen, nämlich eine kompakte Erklärung für die Probleme in der Zusammenarbeit.

Für die alltägliche Praxis der Zusammenarbeit werden diese Informationen als Erklärungsmuster verwendet. Sie beschreiben und konstruieren gleichzeitig die Zusammenarbeit. Auf der Ebene des „Sprechens über" in der Alltagspraxis werden die kulturellen Unterschiede zur Abwertung verwendet.

Ist ein Kulturbegriff, der Kultur als im Individuum abgelagertes Material versteht und auf kulturelle Selbsterkenntnis baut, wie von Moosmüller vorgeschlagen (siehe S. 33), hilfreich im Fall von LAGERA? Vordergründig ja, weil er Erleichterung verschafft und Konflikte auf eine Ebene verlagert, wo sie „verstanden" werden können aber nicht gelöst werden müssen.
„Interkulturelles Wissen" wird reproduziert weil es scheinbar hilfreich ist, um Phänomene und Konflikte zu erklären. In sich geschlossene, relativ statische Kulturmodelle wie das Eisbergmodell und die Kulturdimensionen wurden von den TeilnehmerInnen positiv angenommen. Die Probleme in der Zusammenarbeit werden aber nicht gelöst, sie werden nur auf eine andere Ebene verschoben.

Für Beratende hat dieses Kulturverständnis zwei Vorteile: leicht aufzubereitendes „kulturelles Wissen" lässt kompetent erscheinen und komplexe Problemfelder wie zB. Firmenzusammenführungen müssen nicht bearbeitet werden.

5.4.3 Die Beraterin

Als Beraterin bin ich Teil des Feldes gewesen. Die Art und Weise, wie ich von den anderen gesehen und eingeschätzt wurde, haben die Antworten und Reaktionen beeinflusst. Personen machten im Interview andere Aussagen als in informellen Gesprächen und Antworten variierten abhängig vom Gegenüber. In informellen Situationen wurden persönliche Einschätzungen mitgeteilt, die zum Teil stark vom offiziell Gesagten abwichen. Wobei die ungarischsprachigen Teilnehmenden die informellen Gespräche ausschließlich mit meiner ungarischsprachigen Kollegin führten und die österreichischen Teilnehmenden mit mir. Wir wurden in die Dichotomisierung „Wir" und „die Anderen" miteinbezogen.

Beim Sichten des Materials und meines Abschlussberichtes, der an die österreichischen Kofinanziers ging, fällt mir auf, dass ich Prozesse und Ereignisse so positiv wie nur irgendwie möglich dargestellt habe. Die Tatsache, dass von einigen Personen massiv abwertende Haltung gezeigt wurde, kommt in meinem Abschlussbericht nur sehr abgeschwächt vor. Ich habe mich der gängigen (österreichischen) Praxis meiner Arbeitspartner angeschlossen, welche die Abwertung und Vorbehalte bagatellisieren, gemäß dem Auftrag, dass „mentale Barrieren" kein Thema sein sollen.

Konzepte haben sich am Markt und an der Macht orientiert. Der vorherrschende Diskurs „es gibt kulturelle Unterschiede und deshalb arbeiten sie weniger gut als wir" lässt das Selbstbild der ungarischen Mitarbeiter verstummen. Deren Eigendarstellung, die sehr ähnlich der österreichischer MitarbeiterInnen ist, wird nicht gehört.

Ursprünglich war der Workshop als eine Vorbereitung für den Austausch geplant, in dem die Teilnehmenden lernen sollten, Unterschiede und Gemeinsamkeiten in Arbeitsabläufen und Strukturen wahrzunehmen, sowie Stärken und Schwächen. „Interkulturelles Wissen" wurde auf Grund der Erwartungen seitens der Unternehmen als Inhalt aufgenommen. Herr M zB. beklagte sich über die mangelnde Motivation seiner ungarischen Mitarbeiter. Er machte Mentalitätsunterschiede für Lieferverzögerungen verantwortlich und erhoffte sich eine Lösung durch eine interkulturelle Schulung der ungarischen Mitarbeiter. Wie bereits erwähnt, musste diesen Erwartungen entsprochen werden, auch wenn es inhaltlich sinnlos war. Mit Hofstedes Kulturdimensionen kann man Unterschiede erklären, ohne jemand dafür verantwortlich machen zu müssen. Die in Österreich und Ungarn unterschiedliche Machtdistanz und der unterschiedliche Grad an Kollektivismus/Individualismus war für die Teilnehmenden ein Erklärungsansatz, den sie positiv aufnahmen. Eine Auseinandersetzung mit konkreten Konfliktsituation wurde hingegen massiv abgelehnt.

Was passiert, wenn Machtungleichheit erwähnt wird? In der Abschlusspräsentation vor der STEUK habe ich erwähnt, dass das was für kulturelle Unterschiede gehalten wird, häufig auf strukturelle Probleme und Machtungleichheit zurück zuführen ist. Asymmetrien seien in der Zusammenarbeit zu beachten, war eine abschließende Empfehlung. Während der Vertreter des AMS NÖ aktiv zustimmte und meine Aussagen unterstrich, zeigten die Vertreter der ungarischen Behörden keine Reaktion.

Ihre Mienen waren sehr unbewegt, was ich anfangs darauf zurückführte, dass sie angestrengt der Simultandolmetscherin zuhören. Es kann aber auch für die Machtloseren unangenehm sein, wenn Machtunterschiede angesprochen werden.

6 Schlussfolgerungen

In dieser Arbeit wurden Szenen aus der Alltagspraxis der betrieblichen Zusammenarbeit von zwei österreichischen mit zwei ungarischen Unternehmen beschrieben. Die Beziehungen der handelnden Personen werden auf der Makroebene gestaltet und sind von einer Machtasymmetrie geprägt. Die Osterweiterung hat Ungarn als marginalisierten, peripheren Teil in die EU eingegliedert. Österreich ist ein Teil des Westens, „wir ÖsterreicherInnen" haben - zumindest in der kollektiven Imagination - die Bedingungen mit bestimmt und deren Einhaltung überprüft, die zu einem Beitritt Ungarns zur EU geführt haben. Österreich ist Teil der „European Goodness" und nimmt teil an der kollektiven Abwertung des „Ostens".

Die Konstruktion der Überlegenheit

Österreichische Investoren gehören zu den Gewinnern, österreichische Unternehmen profitieren von den günstigen Produktionsbedingungen und dem Angebot an gut ausgebildeten FacharbeiterInnen. In den Beziehungen der am Projekt LAGERA beteiligten Unternehmen zeigen sich ähnliche Strukturen von Dominanz und Unterlegenheit: in einem Fall hat ein österreichisches Unternehmen ein ungarisches übernommen, im anderen Fall lässt ein österreichisches Unternehmen in Ungarn in Lohnfertigung produzieren. Die wesentlichen Entscheidungen über Produktion, Personalpolitik und Ausrichtungen der Unternehmen werden in den österreichischen Betrieben getroffen. In der alltäglichen beruflichen Zusammenarbeit werden Anweisungen und Arbeitsaufträge von österreichischen MitarbeiterInnen und Vorgesetzten an ungarische KollegInnen gegeben und die Durchführung kontrolliert. Ungarische MitarbeiterInnen haben andere Arbeitsbedingungen, da sie weniger Informationen bekommen und im Kontakt mit österreichischen KollegInnen und Vorgesetzten nicht in ihrer Muttersprache kommunizieren können. Die „Kultur der Beziehung" ist geprägt von Machtunterschieden.

Gleichzeitig findet auf der Ebene der Repräsentation eine Abwertung statt, indem das „Andere" im Gegensatz zum „Eigenen" konstruiert wird. Aus dominanter Position definiert „der Westen" „den Osten" und schreibt ihm Eigenschaften zu, die im Gegensatz zur eigenen moralischen Güte und Überlegenheit stehen. Österreichische MitarbeiterInnen bezeichnen ihre ungarischen KollegInnen mit „die da unten", „unten", „der Ungar". „Unten" wird gleichzeitig als geografische Bezeichnung und als hierarchische Zuordnung verwendet. Die eigene Arbeitsweise und die eigenen Werte stehen im Gegensatz zur fehlenden Motivation, Eigeninitiative und Pünktlichkeit der Anderen. Den anderen wird mangelnde Bereitschaft, Verantwortung zu übernehmen, der Wunsch geführt zu werden und mangelnde Termintreue zugeschrieben. Irritationen und Konflikte in der betrieblichen Zusammenarbeit, wie zB. Produktionsfehler oder Terminverzögerung werden als kulturelle Unterschiede interpretiert und mit der „komplett anderen Denkweise" und der anderen Mentalität erklärt. Diese seien auf das Erbe des Kommunismus zurück zu führen.

Das Selbst und die Anderen
Die Anderen werden nicht wahrgenommen: Ihre Selbstbeschreibung und ihre Darstellung betrieblicher Probleme und Lösungsansätze wird nicht gehört. Die ungarischen MitarbeiterInnen beschreiben ihre Werte und Arbeitsweise sehr ähnlich wie ihre österreichischen KollegInnen. Sie selbst sehen sich als motiviert, eigenverantwortlich und pünktlich.

Die österreichischen MitarbeiterInnen halten an der Erklärung der unterschiedlichen Mentalität fest, auch wenn andere Fakten evident werden. Lieferverzögerungen von G. werden verursacht durch verspätete Materiallieferung, die aufgrund einer Entscheidung der Mutterfirma H. zustande kommen. Ein Fehler in der Übersetzung der Produktionsanleitung führt dazu, dass Näherinnen von R. wiederholt Teile anders nähen als von T. vorgesehen. Diese Informationen führen nicht zu einer anderen Einschätzung.

Es gibt einen großen Unterschied zwischen „Sprechen mit" und „Sprechen über". Mentale Barrieren und Vorurteile sind in der Alltagspraxis und im „Sprechen über" sichtbar. Die vermeintlichen oder tatsächlichen Unterschiede führen zu einer Abwertung der Anderen und ihrer Arbeitsweise. Es gibt Stimmen gegen die Abwertung der Anderen, diese werden aber nicht gehört und verstummen. In Gesprächen mit den „Anderen" und in offiziellen Darstellungen werden Vorurteile und Abwertungen nicht geäußert. Scheinbar harmlose Äußerungen lassen in diesem spezifischen Kontext aber Spielraum für Interpretation. So kann die Aussage „mehr Materialschwund" im

Sinnzusammenhang von „Erbe des Kommunismus" als „Diebstahl durch Mitarbeiter" verstanden werden.

Österreichische ProjektteilnehmerInnen sagten, sie wollen „die Ungarn" besser kennen lernen und deren andere Mentalität und die kulturellen Unterschiede besser verstehen. Sie vermieden aber direkte Kontakte und Austausch mit ihren ungarischen KollegInnen weitgehend. Das zeigte sich unter anderem darin, dass kaum nach der Sichtweise der anderen gefragt wurde und ihnen stattdessen Vorschläge gemacht wurden, wie sie sich verändern sollten um „besser zu sein". Es geht nicht darum, die Realität der anderen kennen zu lernen, sondern Bestätigungen für die eigene Sichtweise zu erhalten. Wenn der direkte Kontakt und das Austragen von Konflikten vermieden werden, kann das positive Bild vom Selbst und dem Westen aufrecht erhalten werden, in Abgrenzung zum „unvollkommenen, halbentwickelten". Man geht von einem Entwicklungskontinuum aus, an dessen oberem Ende flexible, selbstwirksame und motivierte Arbeitskräfte stehen.

Das „Sprechen über" passiert aus dominanter Position. Eigene Schwächen können bei Bedarf ausgeblendet oder umgedeutet werden. Die eigene Unpünktlichkeit wird als Flexibilität gedeutet. Obwohl die österreichischen TeilnehmerInnen angeben, dass Pünktlichkeit ein wichtiger Wert für sie ist, schätzen sie die Pünktlichkeit ihrer ungarischen Kollegen nicht, sondern interpretieren sie als Unflexibilität. Die im Vergleich bessere Qualifikation der Ungarn wird abgewertet, indem man ihnen unterstellt, sie könnten ihre Fähigkeiten in der Praxis nicht umsetzen.

Es wird davon ausgegangen, dass die Unterlegenen die Sichtweise der Mächtigeren teilen und ihnen zustimmen. Wenn offener Widerstand nicht möglich ist oder den AkteurInnen nicht sinnvoll erscheint, können diese auch zu individuellen, unkoordinierten Handlungen greifen, um direkte Konfrontation oder Strafe zu vermeiden. Unpünktlichkeit, Verzögerungen sowie fehlende Kommunikation und Engagement können von außen betrachtet als mangelnde Bereitschaft, Verantwortung zu übernehmen, fehlende Eigeninitiative etc. interpretiert werden. Hinter der Maske der Zustimmung kann sich ein strategisch sinnvoller Widerstand der Unterlegenen verbergen. Die Betroffenen drücken ihren Unmut gegen ungerechte Behandlung aus.

Was als kultureller Unterschied oder „Erbe des Kommunismus" interpretiert wird, kann auch Widerstand der Unterlegenen sein.

Wie und wozu wird der Kulturbegriff verwendet
Das Erklärungsmodell „kulturelle Unterschiede" wird aus wissenschaftlichen Arbeiten für die Praxis der wirtschaftlichen Zusammenarbeit übernommen und von AkteurInnen der grenzüberschreitenden Zusammenarbeit aufgegriffen. Die interkulturellen Broschüren beschreiben Unterschiede in der Arbeitsweise, die auf kulturellen Unterschieden basieren. Diese Beschreibungen stimmen mit den Aussagen und Kritikpunkten der österreichischen ProjektteilnehmerInnen überein. Sie lassen sich auch mit den Unterschieden im Machtdistanzindex und mit der Kulturdimension Kollektivismus/Individualismus von Hofstede erklären.

Kultur wird gedacht als mentale Programmierung, die homogen einen ganzen Nationalstaat betrifft, wobei manchmal Führungskräfte ausgenommen werden. Es gibt die Vorstellung von essentieller Verbindung von Territorium und Kultur. Kontext und Machtunterschiede werden ausgeblendet, und nur dadurch ergibt sich ein sinnvolles Erklärungsmodell.

Die Verwendung des Kulturbegriffs und der Erklärungsansatz „kulturelle Unterschiede" hat für die Dominierenden Vorteile. Kultur kann zur Verschleierung von Machtverhältnissen verwendet werden. Damit kann man „den Anderen" einen Platz in der Beziehung zuordnen, an dem sie ausbeutbar sind und bleiben und an dem sie nützlich sind für die eigene Identitätskonstruktion. Die im Vergleich niedrigeren Löhne können auch nach dem EU Beitritt von Ungarn weiterhin legitimiert werden, da „die Anderen" eine mindere Leistung bringen, an der sie selbst und ihre Kultur schuld sind. Bestehende Privilegien können so aufrecht erhalten werden. Österreichische ArbeitnehmerInnen können sich mit der Abwertung gegen die Konkurrenz am Arbeitsmarkt wehren.

Kulturellen Unterschieden wird die Schuld an Problemen in der Zusammenarbeit zugewiesen. Es ist schwieriger, den Vorgesetzten zu kritisieren für die schlechte Firmenzusammenführung nach der Übernahme von G., als die in der Hierarchieebene weiter unten stehenden ungarischen KollegInnen. Konflikte wie Firmenzusammenführung oder schlechter Führungsstil eines Vorgesetzten müssen nicht ausgetragen werden, wenn die „Schuld" auf die Nationalkultur geschoben wird.

Außerdem gibt das Erklärungsmodell „Kulturelle Unterschiede" die Möglichkeit, Unzufriedenheit auszudrücken, auch wenn es keine Lösungen bringt.

7 Zusammenfassung & Abstract

„Kulturelle Unterschiede? Die Konstruktion von Differenz in der grenzüberschreitenden Zusammenarbeit von österreichischen und ungarischen Unternehmen" untersucht, welche Bedeutung den tatsächlichen oder vermeintlichen Unterschieden in der Arbeitsweise zugesprochen wird und wozu diese verwendet werden. Aufzeichnungen aus vier Jahren Mitarbeit in einem EU Projekt werden mit der Extended Case Method ausgewertet. Die Autorin beschreibt Szenen aus der Alltagspraxis der betrieblichen Zusammenarbeit von zwei österreichischen mit zwei ungarischen Unternehmen und bezieht Kontext und Machtverhältnisse mit ein. Die Beziehungen der handelnden Personen werden auf der Makroebene gestaltet und sind von einer Machtasymmetrie geprägt. Die Osterweiterung hat Ungarn als marginalisierten, peripheren Teil in die EU eingegliedert. Aus dominanter Position werden Identitäten zugeschrieben, vermeintliche oder tatsächliche Differenz wird zur Abwertung verwendet. Der Alltagsdiskurs und die Erklärungsansätze der InterkulturalistInnen verwenden einen essentialistischen Kulturbegriff. Dieser ist nur solange stimmig, wie Kontext und Machtungleichheit ausgeblendet werden. Die österreichischen MitarbeiterInnen beschreiben Probleme in der betrieblichen Zusammenarbeit und führen diese auf eine andere Arbeitsweise ihrer ungarischen KollegInnen zurück, welche kulturellen Unterschieden und der anderen Mentalität geschuldet seien. Differenz wird zur Konstruktion eines positiven, überlegenen Selbst in Abgrenzung zum unvollkommenen Anderen benutzt. Damit können Machtungleichheit verschleiert und eigene Privilegien aufrecht erhalten werden. Betriebliche Konflikte, die schwierig zu bearbeiten wären, werden auf die Ebene der Nationalkultur verschoben, wo sie nicht ausgetragen werden müssen. Handlungsweisen, die wie „kultureller Unterschied" oder „Erbe des Kommunismus" aussehen, können auch strategisch sinnvoller Widerstand der Unterlegenen sein.

Abstract

„Cultural Differences? The construction of difference in the cross border collaboration of Austrian and Hungarian companies" examines to what extent factual or assumed differences in the way of working are important and what is the purpose they are used for. Records that have been kept during a four years period of participation in a EU project are being evaluated with the extended case method. The author describes scenes of workaday life during the collaboration of two Austrian and two Hungarian companies by considering context and balance of power. The relations of the persons involved are designed at the macroscopic level and are shaped by an asymmetry of power. The eastern European expansion of the EU has incorporated Hungary as a marginalized and peripheral part of the EU. Out of a superior position identities are being attributed, factual or assumed differences are used to degrade the other. In their everyday discourse and explanational approach the interculturalists use an essentialist cultural terminology. This is only valid as long as context and asymmetry of power are not taken into consideraton. The Austrian staff members describe problems during operational interactions. They assume that this is caused by different ways of working of their Hungarian colleages which are based upon cultural distinctions and a different mentality. Those distinctions are being used to construct a positive and superior self and to create a social distance from the imperfect other. Thus, asymmetries of power can be camouflaged whereas own privileges can be maintained. Working conflicts that seem to be difficult to resolve are transferred to the level of national culture where they do not need to be settled. Procedures that are likely to be considered as „cultural differences" or „heritage of communism" could also be a way of resistance of the underdog that makes strategical sense.

8 Quellenangaben

Bibliografie

Abu-Lughod, Lila. 1991. Writing against Culture. In Fox, R. (Ed.): Recapturing Anthropology. Working in the Present. Santa Fe, New Mexico:137-162

Burawoy, Michael.1998. The Extended Case Method. In Sociological Theory 1998, 16 (1): 4-33

Burawoy Michael, Verdery Katherine (Hgs). 1999. Uncertain Transition – Ethnographies of Change in the Postsocialist World. Rowman & Littlefield Publishers Inc, Oxford

Burawoy, Michael. 2000. Global ethnography: Forces, Connections and Imaginations in a Postmodern World. University of California, Berkley

Böröcz, József. 2006. Goodness Is Elsewhere: The Rule of European Difference. In Comparative Studies in Society and History. 48 (1):110-38.

Bruszt, László, Stark, David.1998. Postsocialist Pathways: Transforming Politics and Property in East Central Europe. University Press, Cambridge

Comaroff Jean, Comaroff John. 2003. Ethnography on an Awkward Scale: Postcolonial Anthropology and the Violence of Abstraction. In Ethnography 4. Sage Publication, London: 147-179

Dahlén, Tommy. 1997. Among the Interculturalists. An emergent Profession and its Packaging of Knowledge. Stockholm Studies in Social Anthropology. Doctoral Dissertation

Foucault, Michel. 1970: Die Ordnung des Diskurses. Inauguralvorlesung am Collège de France – 2. Dezember 1970. Ullstein Materialien, Frankfurt/M - Berlin – Wien

Gingrich, André. 2003. Grenzmythen des Orientalismus: Die Islamische Welt in Öffentlichkeit und Volkskultur Mitteleuropas. In Mayr-Oehring Erika, Doppler Elke (Hg.): Orientalische Reise. Malerei und Exotik im 19. Jahrhundert. Museen der Stadt Wien. Wien: 110-129

Hofbauer, Hannes. 2007. EU- Osterweiterung: Historische Basis – ökonomische Triebkräfte – soziale Folgen. Promedia, Wien

Maier Jörg, Lukas Bruno, Schaft Franziska, Schläger-Zirlik Patricia. 2003. Auswirkungen der Privatisierung von Staatsbetrieben in der Tschechischen Republik und Ungarn. In

Schubert, Helga (Hg.): Wandel und Kontinuität in den Transformationsländern Ost- und Südosteuropas. Forost Forschungsverbund Ost- und Südosteuropa, München

Moosmüller, Alois. 2000. Die Schwierigkeit mit dem Kulturbegriff in der Interkulturellen Kommunikation. In Alsheimer Rainer et al: Lokale Kulturen in einer globalisierenden Welt. Perspektiven auf interkulturelle Spannungsfelder. Waxmann, Münster, New York, München, Berlin: 15-32

Pribersky, Andreas. 2004. Aus asiatischer Steppe nach Europa geführt? Die Erfolgsgeschichte der symbolischen Imagekonstruktion Ungarns als Teil seiner europäischen Identität. In Reif, Elisabeth, Schwarz, Ingrid (Hg): Zwischen Ausgrenzung und Integration. Ein interdisziplinäres Friedensprojekt zum Thema „Interkulturelle Kommunikation" mit Ungarn. Mandelbaum Edition Südwind.Wien

Rössler, Martin. 2003. Die Extended-Case Methode. In Beer, Bettina (Hg.): Methoden und Techniken der Feldforschung. Dietrich Reimer Verlag, Berlin: 143-160

Said, Edward W. 1979. Orientalismus. Vintage Books, New York

Said, Edward W. 2006. Orientalism. In Ashcroft, Bill, Griffith, Gareth, Tiffin, Helen (Hgs.): The Post-colonial Studies Reader. Routledge, London

Sassen, Saskia. 2001. Cracked Casings: Notes towards an analytics for studying transnational processes. In Pries, Ludger (Hg.): New transnational social spaces: International migration and transnational companies in the early twenty-first century. Routledge, London: 187-206

Scott, James C..1990. Weapons of the Weak. Oxford Univ. Press, Delhi (u.a.)

Stark, David. 1992. From System Identity to Organizational Diversity: Analyzing Social Change in Eastern Europe. In Contemporary Sociology, 1992, 21, (3) May: 299-304

Todorova, Maria.1999. Die Erfindung des Balkan: Europas bequemes Vorurteil. Primus Verlag, Darmstadt

Willsberger, Barbara. 2005. Stimmungsbarometer - Industrieviertel, erste Erhebungswelle; L&R Sozialforschung, August 2005

Onlineartikel

Aretz, Hans-Jürgen, Hansen, Katrin. 2010. Erfolgreiches Management von Diversity. Die multikulturelle Organisation als Strategie zur Verbesserung einer nachhaltigen Wettbewerbsfähigkeit. http://www.hampp-verlag.de/Archiv/1_03_Aretz.pdf [02.02.2012]

Boatcă, Manuela 2006: Wie weit östlich ist Osteuropa? Die Aushandlung gesellschaftlicher Identitäten im Wettkampf um Europäisierung.
http://www.ssoar.info/ssoar/files/dgs/33-2006/2231.pdf. [16.02.2012]

Bohle, Dorothee: Erweiterung und Vertiefung der EU: Neoliberale Restrukturierung und transnationales Kapital. Prokla 2002.
http://scholar.google.at/scholar?hl=de&q=%22Bohle+Dorothee%22&btnG=Suche&lr= &as_ylo=&as_vis=0. [25.01.2012]

Böröcz, József. 2000: http://www.rci.rutgers.edu/~jborocz/200bor.htm
Hungary 10 Years after- Permanence of Suspension [13.12.2011]

Böröcz, József. 2001. Empire and Coloniality in the "Eastern Enlargement" of the European Union. In Böröcz, József, Kovacs, Melinda (Hg.): Empire's New Clothes. Unveiling EU Enlargement, Holly Cottage: 4–50 http://www.ce-review.org [28.05.2011]

Böröcz, József 2007. Whitened Histories, Global Colours.
Http://uneventment.blogspot.com/search/label/Abstracts_[17.03.2011]

Buchowski, Michał.2006. Social Thought & Commentary: The Specter of Orientalism in Europe: From Exotic Other to Stigmatized Brother. In Anthropological Quarterly 2006, 79 (3): 463-482. Article Stable URL: http://www.jstor.org/stable/4150874 [20.10.2011]

Gille, Zsuzsa. 2004. Global Force, Connections, or Vision?: The three Meanings of Europe in Postsocialism. http://aei.pitt.edu/2032/1/GilleWP2SP2004%202.pdf, zuletzt aktualisiert am 16.02.2004, [20.10.2011]

Krell, Gertraude. 2009. Diversity Management. Chancengleichheit für alle und auch als Wettbewerbsfaktor. http://www.idm-diversity.org/files/infothek_krell_chancengleichheit.pdf [01.02.2012]

Müller, Christine V. Nix Multikulti – Business! Multinationale Arbeitssettings – ein Thesenpapier. In Lobnig, Hubert, Schwendenwein, Joachim, Liselotte Zvacek (Hg.), Beratung in der Veränderung: 80-90
www.osbi.com/fileadmin/user_upload/Publikationen/Mueller_nix_Multikulti.pdf [13.01.2012]

Ong, Aihwa. 2006. Boundary Crossings. Neoliberalism as a mobile technology
http://aihwaong.info/sg_userfiles/neoliberalism_as_mobile_technology.pdf
[28.032011]

Österreichische Raumordnungskonferenz: Programmdokumente Österreich-Ungarn seit 1995, EU Regionalpolitik und Beihilfenprogramm: www.oerok.gv.at, [28.05.2011]
http://www.oerok.gv.at/fileadmin/Bilder/3.Reiter-Regionalpolitik/2.EU-SF_in_OE_07-13/2.6_ETZ_grenz/Programmdokument_OE-U_07-13.pdf

Saringer, Martin, Farny, Otto, Lunzer, Gertraud, Wagner, Norman. 2005. Steuerbegünstigungen in der Europäischen Union in den zehn neuen Mitgliedstaaten im Bereich der Unternehmensbesteuerung. Oktober 2005. AK Wien
http://eu.arbeiterkammer.at/bilder/d33/Koerperschaftsteuer_gesamt_DE.pdf.
[25.01.2012]

Todorova, Maria. 2003. Balkanismen und Orientalismen. Historische Vermächtnisse als Analysekategorie. Der Fall Südosteuropa. 2003, www.uni-klu.ac.at/eeo/ Todorova_Vermaechtnisse [25.01.2012]

Wick, Ingeborg.1998. Frauenarbeit in Freien Exportzonen
http://www.prokla.de/wp/wp-content/uploads/1998/Prokla111.pdf#page=73
[23.11.2011]

Internetquellen

Url 1: www.sietareu.org/activities/webinar [19.02.2012]
Url 2: http://www.industrieviertel.at/uber-uns/ [20.01.2012]
Url 3: http://www.oerok.gv.at/eu-regionalpolitik/eu-strukturfonds-in-oesterreich-2000-2006/gemeinschaftsinitiativen/interreg-iii.html_ [19.02.2012]
Url 4: http://event.interact-eu.net/download/application/pdf/817045 [27.04.2011]
Url 5: http://www.G..hu _[20.01.2012]
Url 6: http://www.H.group.at/H.bio/index.php?id=2&sid=3&country=1_ [20.01.2012]
Url 7: http://www.just-style.com/news/T.-ends-kapuvari-R.-deal_id71381.aspx [20.01.2012]

Url 8: http://www.diadalrt.t-online.hu/diadalde.html_ [20.01.2012]

Url 9: http://www.pakte.at/attach/folder0802_interregIIIA.pdf_ [25.01.2012]

Url 10: http://wko.at/statistik/eu/europa-BIPjeEinwohner.pdf_ [12.01.2012]

Url 11: http://www.at-hu.net/at-hu/de/projekte.php?we_objectID=13_ [22.02.2012]

Url 12: http://www.erinnern.at/bundeslaender/oesterreich/e_bibliothek/
seminarbibliotheken-zentrale-seminare/abbild-und-reflexion/383_Baumgartner_
Sprachgruppen%20und%20Mehrsprachigkeit%20im%20Burgenland.pdf
[20.01.2012]

Url 13: §7 AZG (1) http://www.jusline.at/7._Verlängerung_der_Arbeitszeit_bei_
Vorliegen_eines_höheren_Arbeitsbedarfes_AZG.html_ [25.01.2012]

Url 14: (http://www.geert-hofstede.com/hofstede_hungary.shtml)

9 Abkürzungen

DiM	Diversitätsmanagement
ECM	Extended Case Method
FDI	Foreign Direct Investment
HTL	Höhere Technische Lehranstalt
IGR	Im Grenz Raum (gewerkschaftliche Zusammenarbeit)
KMU	Klein- und Mittelbetriebe
LAGERA	Labor für die gemeinsame Entwicklung eines regionalen Arbeitsmarktes
STEUK	Steuerungsgruppe
WKO	Wirtschaftskammer Österreich

Die Autorin:

Sabine Echsel, Jahrgang 1964, hat nach ihrer Ausbildung zur Sozialpädagogin als Beraterin für am Arbeitsmarkt benachteiligte Personen und als Organisationsberaterin im Kommunal- und Non Profit Bereich und in der Regionalentwicklung gearbeitet.

Sie war Mitinitiatorin und Beraterin in einem EU Projekt zur Förderung eines gemeinsamen Arbeitsmarktes Österreich Ungarn. Aus Interesse an den Themen Diversität, Integration und Diskriminierung hat sie Kultur- und Sozialanthropologie studiert. Dieser Schwerpunkt ist auch in die vorliegende Studie des Kommunikationsverhaltens österreichischer und ungarischer Unternehmen eingeflossen.